Conteúdo digital exclusivo!

Cadastre-se e transforme seus estudos em uma experiência única de aprendizado!

Acesse agora

Portal:
www.editoradobrasil.com.br/crescer

Código de aluno:
3723661A6483900

Lembre-se de que esse código é pessoal e intransferível. Guarde-o com cuidado, pois é a única forma de você utilizar os conteúdos do portal.

Mila T. Perez Basso • Patrícia Cândido

CRESCER
Matemática

1º ano

Dados Internacionais de Catalogação na Publicação (CIP)
(Câmara Brasileira do Livro, SP, Brasil)

Basso, Mila T. Perez
　　Crescer matemática, 1º ano / Mila T. Perez Basso, Patrícia Cândido. – 1. ed. – São Paulo: Editora do Brasil, 2018. – (Coleção crescer)

　　ISBN 978-85-10-06839-0 (aluno)
　　ISBN 978-85-10-06840-6 (professor)

　　1. Matemática (Ensino fundamental) I. Cândido, Patrícia. II. Título III. Série.

18-15636　　　　　　　　　　　　　　CDD-372.7

Índices para catálogo sistemático:
1. Matemática: Ensino fundamental 372.7
Maria Alice Ferreira – Bibliotecária – CRB-8/7964

1ª edição / 1ª impressão, 2018
Impresso no Parque Gráfico da Editora FTD

Rua Conselheiro Nébias, 887
São Paulo, SP – CEP 01203-001
Fone: +55 11 3226-0211
www.editoradobrasil.com.br

© Editora do Brasil S.A., 2018
Todos os direitos reservados

Direção-geral: Vicente Tortamano Avanso

Direção editorial: Felipe Ramos Poletti
Gerência editorial: Erika Caldin
Coordenação de arte: Cida Alves
Supervisão de revisão: Dora Helena Feres
Supervisão de iconografia: Léo Burgos
Supervisão de digital: Ethel Shuña Queiroz
Supervisão de controle de processos editoriais: Marta Dias Portero
Supervisão de direitos autorais: Marilisa Bertolone Mendes

Supervisão editorial: Valéria Elvira Prete
Coordenação pedagógica: Maria Cecília Mendes de Almeida
Consultoria técnico-pedagógica: Humberto Luis de Jesus
Edição: Rodrigo Pessota, Solange Martins e Daniela Benites
Assistência editorial: Cristina Silva dos Santos
Auxílio editorial: Fernanda Carvalho
Coordenação de revisão: Otacilio Palareti
Copidesque: Gisélia Costa, Ricardo Liberal e Sylmara Beletti
Revisão: Alexandra Resende, Andréia Andrade, Elaine Cristina da Silva e Maria Alice Gonçalves
Pesquisa iconográfica: Amanda Felício
Assistência de arte: Letícia Santos
Design gráfico: Andrea Melo
Capa: Megalo Design e Patrícia Lino
Imagem de capa: Luna Vicente
Ilustrações: Andre Martins, Carlos Jorge, Estúdio Boom/Beto Soares, Henrique Brum, Luciano Soares, Marcel Borges, Márcio Rocha, Rafaella Bueno e Reinaldo Rosa
Produção cartográfica: DAE (Departamento de Arte e Editoração)
Coordenação de editoração eletrônica: Abdonildo José de Lima Santos
Editoração eletrônica: Setup Bureau
Licenciamentos de textos: Cinthya Utiyama, Jennifer Xavier, Paula Harue e Renata Garbellini
Controle de processos editoriais: Bruna Alves, Carlos Nunes, Jefferson Galdino, Rafael Machado e Stephanie Paparella

QUERIDO ALUNO,

ESTA COLEÇÃO FOI PENSADA COM MUITO CARINHO PARA QUE VOCÊ POSSA APRENDER E FAZER MATEMÁTICA TANTO NA ESCOLA QUANTO NO SEU DIA A DIA.

EM TODO O LIVRO VOCÊ ENCONTRARÁ MUITAS PROPOSTAS DE RESOLUÇÃO DE PROBLEMAS. O OBJETIVO É QUE VOCÊ SE SINTA CONFIANTE EM REALIZAR DESAFIOS QUE O AJUDARÃO A COMPREENDER A DISCIPLINA.

AS ATIVIDADES POSSIBILITARÃO A VOCÊ APRENDER MAIS E MAIS MATEMÁTICA, POR MEIO DE TEXTOS, IMAGENS, JOGOS, MATERIAIS MANIPULATIVOS, OBRAS DE ARTE, BRINCADEIRAS, *SOFTWARES*, LIVROS DE HISTÓRIA, ENTRE OUTROS RECURSOS.

APROVEITE AS SITUAÇÕES DE TRABALHO INDIVIDUAL E EM GRUPO PARA SE COMUNICAR, TIRAR DÚVIDAS E COMENTAR COM OS COLEGAS E PROFESSORES O QUE APRENDEU. TUDO ISSO O AJUDARÁ A TER MAIS SEGURANÇA COMO ESTUDANTE E EM OUTRAS SITUAÇÕES NA VIDA.

DESEJAMOS QUE VOCÊ VIVA INTENSAMENTE ESSAS EXPERIÊNCIAS. ESTAMOS TORCENDO POR SEU SUCESSO!

AS AUTORAS

SUMÁRIO

UNIDADE 1
PRIMEIROS PASSOS 7
LOCALIZAÇÃO E DIREÇÃO 8
NÚMEROS POR TODA PARTE 10
NÚMEROS ATÉ 10 12
UM, DOIS... 13
TRÊS, QUATRO... 14
CINCO, SEIS... 15
SETE... 16
OITO, NOVE... 17
DEZ 18
    COLEÇÃO DE PROBLEMAS 19
RETOMADA 20
PERISCÓPIO 22

UNIDADE 2
MEU MONSTRO FAVORITO 23
NÚMEROS ATÉ 20 24
    BRINCADEIRA – SIGA OS NÚMEROS 26
    JOGO – COMPLETANDO O MONSTRINHO 30
    COLEÇÃO DE PROBLEMAS 34
FIGURAS GEOMÉTRICAS PLANAS.. 36
RÁPIDO E DEVAGAR 39

    BRINCADEIRA – ZERINHO 40
A QUE HORAS EU... 42
GRÁFICO 43
RETOMADA 44
PERISCÓPIO 46

UNIDADE 3
O QUE VEM ANTES? 47
AGORA, ANTES, DEPOIS... 48
    GIRAMUNDO – O DIA E A NOITE 49
CALENDÁRIO 50
CONTAR E COMPARAR QUANTIDADES 54
    ESTIMATIVA 56
    JOGO – BINGO 57
NÚMEROS ATÉ 30 58
LOCALIZAÇÃO E DIREÇÃO 60
    COLEÇÃO DE PROBLEMAS 61
RETOMADA 62
PERISCÓPIO 64

UNIDADE 4
TAMANHO É DOCUMENTO? 65

MAIOR OU MENOR? 66

ALTO OU BAIXO? 68

CURTO OU COMPRIDO? 69

UM QUEBRA-CABEÇA DIFERENTE 70

CONTAR E COMPARAR QUANTIDADES 73

JOGO – CORRIDA DE CARROS.. 74

COLEÇÃO DE PROBLEMAS 76

PROBABILIDADE E ESTATÍSTICA 78

ORGANIZANDO AS INFORMAÇÕES EM UM GRÁFICO 78

SERÁ QUE ACONTECERÁ? 79

RETOMADA 80

PERISCÓPIO 82

UNIDADE 5
NA FILA 83

EXPLORANDO O CUBO 84

MEDIDAS NÃO PADRONIZADAS 90

NÚMEROS ATÉ 40 93

JOGO – QUAL É MAIOR? 96

NÚMEROS ORDINAIS 98

COLEÇÃO DE PROBLEMAS 100

RETOMADA 102

PERISCÓPIO 104

UNIDADE 6
DIA A DIA 105

MEDINDO COMPRIMENTO 106

OS MESES DO ANO 108

NÚMEROS ATÉ 50 111

ESTIMATIVA 113

VAMOS CONTAR? 114

JOGO – JOGO DOS RISQUINHOS 116

COLEÇÃO DE PROBLEMAS 121

RETOMADA 122

PERISCÓPIO 124

UNIDADE 7
PESO PESADO 125
- MEDINDO MASSA 126
- CÍRCULO E ESFERA 129
- LOCALIZAÇÃO 132
- NÚMEROS ATÉ 100 134
- CONTAR E COMPARAR 138
  - JOGO – PALITOS 141
  - COLEÇÃO DE PROBLEMAS 143
  - RETOMADA 146
  - CONSTRUIR UM MUNDO MELHOR – CAMPANHA DE LIVROS 148
  - PERISCÓPIO 150

UNIDADE 8
DETETIVE DE NÚMEROS 151
- MAIS PESADO E MAIS LEVE 152
- MEDINDO CAPACIDADE 154
- PROBABILIDADE E ESTATÍSTICA 156
- QUAL É SUA COR PREFERIDA? 156
- SISTEMA MONETÁRIO 158
  - EDUCAÇÃO FINANCEIRA 162
- CALENDÁRIO 164
  - GIRAMUNDO – MESES DO ANO EM VERSOS 165
- EXPLORANDO SEQUÊNCIAS 166
  - GIRAMUNDO – ARTESANATO INDÍGENA 167
  - ESTIMATIVA 168
- MAIS NÚMEROS 169
- JUNTANDO QUANTIDADES 170
  - JOGO – COBRINDO A GIRAFA 171
  - COLEÇÃO DE PROBLEMAS 176
- RETOMADA 178
- PERISCÓPIO 180

REFERÊNCIAS 181
MATERIAL COMPLEMENTAR .. 183

UNIDADE 1
PRIMEIROS PASSOS

1. OBSERVE A PINTURA E A ESCULTURA A SEGUIR. O QUE ELAS MOSTRAM?

IVAN CRUZ. *CIRANDA II*, 2005. ACRÍLICA SOBRE TELA, 30 CM × 40 CM.

SANDRA GUINLE. *CIRANDINHA*, 2005. SÉRIE CENAS INFANTIS. BRONZE, 14 CM × 18 CM × 18 CM.

- CONVERSE COM OS COLEGAS SOBRE O QUE HÁ EM COMUM E O QUE HÁ DE DIFERENTE ENTRE AS DUAS OBRAS DE ARTE.
- VOCÊ CONHECE ALGUMA CANTIGA DE RODA? CANTE COM OS COLEGAS DE TURMA.

LOCALIZAÇÃO E DIREÇÃO

1. HELENA É A MENINA QUE ESTÁ DE VESTIDO AZUL.

- CONTORNE A CRIANÇA QUE ESTÁ **DE FRENTE** PARA HELENA.
- PINTE DE  A CRIANÇA QUE ESTÁ **À DIREITA** DE HELENA.
- PINTE DE  A CRIANÇA QUE ESTÁ **À ESQUERDA** DE HELENA.
- FAÇA UM **X** DENTRO DA RODA.

2. OBSERVE A IMAGEM.

- MARQUE COM UM **X** OS CACHORROS QUE ESTÃO **DENTRO** DO QUINTAL.
- CONTORNE OS CACHORROS QUE ESTÃO **FORA** DO QUINTAL.

3. LAURA E SUAS AMIGAS ESTÃO OBSERVANDO UMA OBRA DE ARTE.

LAURA É A MENINA QUE ESTÁ DE CAMISETA AZUL.

- BRUNA ESTÁ **À ESQUERDA** DE LAURA. CONTORNE BRUNA COM LÁPIS DE COR **VERDE**.
- RAFAELA É A MENINA QUE ESTÁ **À DIREITA** DE LAURA. CONTORNE RAFAELA COM LÁPIS DE COR **LARANJA**.

4. PEDRO É O MENINO QUE ESTÁ DE CAMISETA VERDE.

- PINTE TODAS AS CRIANÇAS QUE ESTÃO **À DIREITA** DE PEDRO.

9

NÚMEROS POR TODA PARTE

1. OS NÚMEROS FAZEM PARTE DA NOSSA VIDA: ELES ESTÃO NA RUA, EM CASA, NA ESCOLA...

- CONTORNE TODOS OS NÚMEROS QUE VOCÊ VÊ NA IMAGEM.
- CONTE AOS COLEGAS E AO PROFESSOR COMO VOCÊ FEZ PARA LOCALIZAR NÚMEROS NESTA CENA.

2. REGISTRE INFORMAÇÕES A SEU RESPEITO USANDO APENAS NÚMEROS.
VAMOS LÁ!

- MINHA IDADE É: _____ ANOS.

- O NÚMERO DO MEU CALÇADO É: _____.

3. QUANTOS ANOS VOCÊ VAI FAZER NO SEU PRÓXIMO ANIVERSÁRIO? DESENHE VELINHAS NO BOLO ABAIXO PARA REPRESENTAR ESSE NÚMERO.

4. AGORA VOCÊ VAI PRODUZIR UM MURAL DA TURMA COM NÚMEROS. SIGA AS ORIENTAÇÕES.

- RECORTE NÚMEROS DE JORNAIS OU REVISTAS. DEPOIS COLE NO MURAL O QUE VOCÊ ENCONTROU.
- O QUE VOCÊ ACHOU DESSA ATIVIDADE? CONTE AO PROFESSOR E AOS COLEGAS QUANTAS COISAS VOCÊ JÁ SABE SOBRE NÚMEROS.

NÚMEROS ATÉ 10

VOCÊ CONHECE ESTA CANTIGA? VAMOS CANTAR!

A GALINHA DO VIZINHO

A GALINHA DO VIZINHO
BOTA OVO AMARELINHO
BOTA 1
BOTA 2
BOTA 3
BOTA 4
BOTA 5
BOTA 6
BOTA 7
BOTA 8
BOTA 9
BOTA 10.

CANTIGA.

1. CONTORNE TODOS OS NÚMEROS QUE APARECEM NA LETRA DA CANTIGA. DEPOIS, DESENHE NO NINHO OS 10 OVOS QUE A GALINHA BOTOU. PINTE O DESENHO PARA FICAR BEM BONITO.

2. LIGUE CADA QUANTIDADE DE OVOS AO NÚMERO QUE A REPRESENTA.

| 4 |
| 2 |
| 3 |
| 5 |

12

UM, DOIS...

VAMOS TRAÇAR ALGUNS NÚMEROS QUE APARECEM NA CANTIGA **A GALINHA DO VIZINHO**.

1. CUBRA OS TRACEJADOS E CONTINUE ESCREVENDO O NÚMERO **UM** E O NÚMERO **DOIS**. PRESTE ATENÇÃO NO MOVIMENTO DO TRAÇADO.

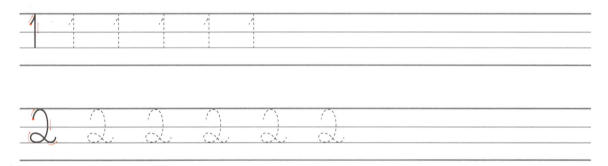

2. QUANTOS PINTINHOS HÁ EM CADA NINHO? ESCREVA A QUANTIDADE NO ☐.

13

TRÊS, QUATRO...

1. JUNTO COM O PROFESSOR, APRENDA A RECITAR UMA BRINCADEIRA E DEPOIS CONVIDE 3 AMIGOS PARA BRINCAR COM VOCÊ.

NÓS QUATRO
EU COM ELA
EU SEM ELA
NÓS POR CIMA
NÓS POR BAIXO

2. FAÇA UM DESENHO DA BRINCADEIRA **NÓS QUATRO**.

3. CUBRA OS TRACEJADOS E CONTINUE ESCREVENDO O NÚMERO **TRÊS** E O NÚMERO **QUATRO**.

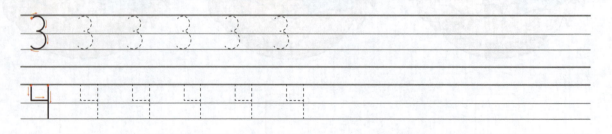

CINCO, SEIS...

1. SERÁ QUE VOCÊ CONSEGUE LER ESTE TRECHO DO POEMA "ERA UMA VEZ..." SEM DAR RISADA?

ERA UMA VEZ...

[...]
QUEM NÃO CONHECE
O GATO JACINTO:
FEZ COCÔ PROCÊS CINCO.

DO GATO AZARADO
CHEGOU A VEZ:
FEZ COCÔ PROCÊS SEIS.
[...]

SERGIO CAPPARELLI. ERA UMA VEZ... IN: *POESIA FORA DA ESTANTE*. 15. ED. PORTO ALEGRE: EDITORA PROJETO, 2007.

2. CUBRA OS TRACEJADOS E CONTINUE ESCREVENDO O NÚMERO **CINCO** E O NÚMERO **SEIS**.

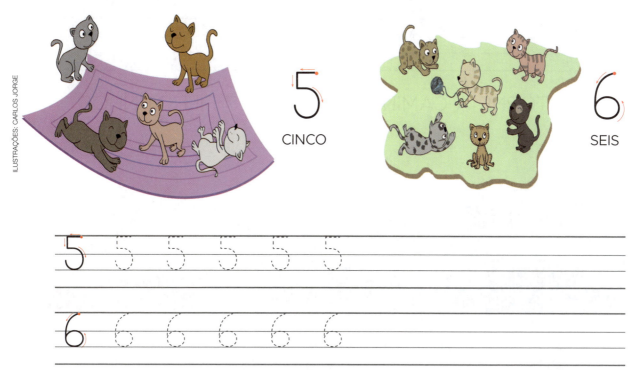

15

SETE...

1. AQUI ESTÁ MAIS UM TRECHO DO POEMA "ERA UMA VEZ...". QUE DELÍCIA SE DIVERTIR!

[...]
AH, QUE BELEZA!
É O GATO **COQUETE**:
FEZ COCÔ PROCÊS SETE.
[...]

> **COQUETE:** AQUELE QUE GOSTA DE SER ADMIRADO.

SERGIO CAPPARELLI. ERA UMA VEZ... IN: *POESIA FORA DA ESTANTE*. 15. ED. PORTO ALEGRE: EDITORA PROJETO, 2007.

2. CUBRA OS TRACEJADOS E CONTINUE ESCREVENDO O NÚMERO **SETE**.

3. CONTORNE A CAMINHA ONDE HÁ 7 FILHOTINHOS.

OITO, NOVE...

1. QUE TAL ENCONTRAR 8 DIFERENÇAS ENTRE AS DUAS CENAS?
VAMOS LÁ!

2. CUBRA OS TRACEJADOS E CONTINUE ESCREVENDO O NÚMERO **OITO** E O NÚMERO **NOVE**.

8 8 8 8 8 8

9 9 9 9 9 9

3. CONTINUE DESENHANDO ATÉ COMPLETAR 8 BORBOLETAS.

DEZ

1. PARA CHEGAR AO OUTRO LADO DO RIO, É PRECISO REMAR BASTANTE!
COMPLETE A PARLENDA COM OS NÚMEROS DE REMADAS QUE FALTAM.

REMADOR

REMA, REMA, REMADOR,
QUANTAS VEZES JÁ REMOU?

REMA 1, REMA 2, REMA _____,

REMA 4, REMA _____, REMA 6,

REMA _____, REMA 8, REMA _____,

REMA _____.

PARLENDA.

2. CUBRA OS TRACEJADOS E CONTINUE ESCREVENDO O NÚMERO **DEZ**.

10 10 10 10 10 10

3. CONTORNE O CESTO EM QUE HÁ **10** LARANJAS.

COLEÇÃO DE PROBLEMAS

1. O QUE ACONTECEU COM RENATO?

- O QUE VOCÊ FARIA NO LUGAR DE RENATO? DESENHE NO ESPAÇO ABAIXO.

RETOMADA

1. OBSERVE A CENA AO LADO.

- LIGUE OS PONTOS E DESCUBRA O QUE ANINHA ESTÁ DESENHANDO.
- CUBRA COM LÁPIS COLORIDO, NO LIGUE-PONTOS, O NÚMERO QUE REPRESENTA A SUA IDADE.

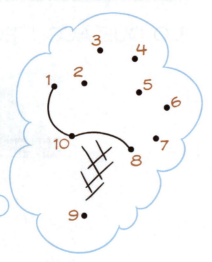

- ESCOLHA TRÊS NÚMEROS DOS QUE APARECEM NO DESENHO E PRATIQUE A ESCRITA DELES.

_____

_____

_____

2. CONTORNE OS NÚMEROS QUE APARECEM NA CENA.

3. AS CRIANÇAS ESTÃO ANSIOSAS PARA PEDIR O LANCHE!

- JORGE ESTÁ COM UMA MOCHILA NAS COSTAS. MARQUE COM UM **X** A CRIANÇA QUE ESTÁ NA **FRENTE** DE JORGE.
- MARIANA USA SAIA PRETA. CONTORNE A CRIANÇA QUE ESTÁ **ATRÁS** DE MARIANA.

4. MARISA ESTÁ SEPARANDO ALGUNS BRINQUEDOS PARA DOAR.

- PINTE OS BRINQUEDOS QUE ESTÃO **DENTRO** DA CAIXA.
- CONTORNE OS BRINQUEDOS QUE ESTÃO **FORA** DA CAIXA.

PERISCÓPIO

📖 PARA LER

E O DENTE AINDA DOÍA, DE ANA TERRA. 2. ED. SÃO PAULO: EDITORA DCL, 2013. O JACARÉ, COM UMA DOR DE DENTE TERRÍVEL, RECEBE A VISITA DE AMIGOS BICHOS. ELES TENTARAM AJUDAR, MAS O TAL DENTE DOÍA SEM PARAR! LEIA E BRINQUE COM OS NÚMEROS PARA SABER O FIM DA HISTÓRIA.

1, 2, 3 ONDE ESTÃO?, DE CLÁUDIA ROSENBLATT. SÃO PAULO: PAULINAS, 1999. NESSE LIVRO VOCÊ LERÁ HISTÓRIAS A RESPEITO DOS NÚMEROS DE 1 A 10. É UMA GRANDE OPORTUNIDADE PARA VOCÊ CONHECER MELHOR ESSES NÚMEROS.

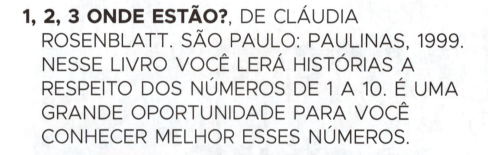

CLACT... CLACT... CLACT..., DE LILIANA E MICHELE IACOCCA. SÃO PAULO: ÁTICA, 2015. VOCÊ CONHECE ESSA TESOURA? SE NÃO CONHECE, VALE A PENA LER ESSE LIVRO COM O PROFESSOR. ELE CONTA A HISTÓRIA DE UMA TESOURA QUE ENCONTRA UM MONTE DE PAPEL COLORIDO MISTURADO E TENTA PÔR ORDEM NA BAGUNÇA. MAS ELA NUNCA SE DAVA POR SATISFEITA, ATÉ QUE UM DIA ELA TEM UMA GRANDE SURPRESA...

UNIDADE 2
MEU MONSTRO FAVORITO

VOCÊ JÁ PENSOU EM INVENTAR SEU PRÓPRIO MONSTRO? ENTÃO VAMOS LÁ!

1. COMPLETE ESTE DESENHO COMO QUISER.

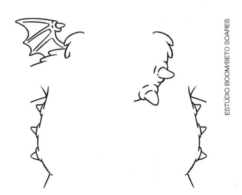

2. SEU MONSTRO TEM:
- BRAÇOS? ☐ SIM. ☐ NÃO. QUANTOS? _____
- PERNAS? ☐ SIM. ☐ NÃO. QUANTAS? _____

3. ELE TEM ALGUMA COISA NA CABEÇA?

☐ SIM. ☐ NÃO.

4. CONTE AOS COLEGAS DO QUE VOCÊ MAIS GOSTOU EM SEU MONSTRO.

NÚMEROS ATÉ 20

1. SIGA OS NÚMEROS NA ORDEM E PINTE O CAMINHO QUE LEVA O COELHO ATÉ A TOCA.

2. VOCÊ SABE O NOME DOS NÚMEROS QUE ESTÃO NO LABIRINTO DA PÁGINA ANTERIOR? COM A AJUDA DO PROFESSOR, LEIA O NOME DOS NÚMEROS.

1	UM	11	ONZE
2	DOIS	12	DOZE
3	TRÊS	13	TREZE
4	QUATRO	14	CATORZE
5	CINCO	15	QUINZE
6	SEIS	16	DEZESSEIS
7	SETE	17	DEZESSETE
8	OITO	18	DEZOITO
9	NOVE	19	DEZENOVE
10	DEZ	20	VINTE

3. NO QUADRO ACIMA PINTE O NÚMERO QUE REPRESENTA:

- A SUA IDADE;
- A QUANTIDADE DE RODAS DE UM CARRO.

BRINCADEIRA

SIGA OS NÚMEROS

PARTICIPANTES:
TODOS OS ALUNOS DA TURMA.

MATERIAL:
- CARTÕES NUMERADOS DE 1 A 20.

REGRAS:

1. FORME UMA RODA COM OS COLEGAS.
2. CADA UM RECEBE UM CARTÃO COM UM NÚMERO DE 1 A 20 E O PRENDE NA ROUPA, NUM LUGAR BEM VISÍVEL.
3. A CRIANÇA QUE ESTÁ COM O CARTÃO DE NÚMERO 1 RECEBE UM ROLO DE BARBANTE, SEGURA O FIO, JOGA O ROLO PARA O COLEGA QUE ESTÁ COM O NÚMERO 2 E FALA "DOIS".

4. A CRIANÇA COM NÚMERO 2 RECEBE O ROLO, SEGURA O BARBANTE, JOGA O ROLO PARA O COLEGA QUE ESTÁ COM O NÚMERO 3 E FALA "TRÊS".

5. E ASSIM A BRINCADEIRA SEGUE, ATÉ QUE TODOS DA RODA RECEBAM O BARBANTE.

6. QUANDO A BRINCADEIRA TERMINA, CADA CRIANÇA FIXA SEU CARTÃO COM NÚMERO NO CHÃO, FORMANDO O DESENHO DE UMA REDE DE NÚMEROS. VEJA UM EXEMPLO:

4. O ROLO DE BARBANTE CHEGOU ATÉ A CRIANÇA COM CARTÃO NÚMERO 4. VEJA:

- CONTINUE LIGANDO OS NÚMEROS NA ORDEM CORRETA PARA A TEIA APARECER.

5. LIGUE CADA NÚMERO A SEU NOME.

5	DOZE
12	VINTE
20	OITO
17	DEZESSETE
8	CINCO

6. OBSERVE O QUADRO DE NÚMEROS.

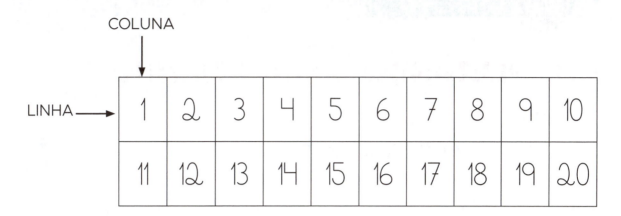

- PINTE DE OS NÚMEROS QUE APARECEM NA ÚLTIMA **COLUNA** À DIREITA. COPIE-OS AQUI.

_____

- COMO TERMINAM OS NÚMEROS DESSA COLUNA?

- PINTE DE OS NÚMEROS QUE APARECEM NA PRIMEIRA COLUNA À ESQUERDA. COPIE-OS AQUI.

_____

- COMO TERMINAM OS NÚMEROS DESSA COLUNA?

- COPIE OS NÚMEROS DA PRIMEIRA LINHA DO QUADRO.

_____

_____

JOGO

COMPLETANDO O MONSTRINHO

PARTICIPANTES:

VOCÊ E UM COLEGA DA TURMA.

MATERIAL:

- MASSA DE MODELAR;
- 1 DADO;
- TABULEIRO DA PÁGINA 183 DO **MATERIAL COMPLEMENTAR**.

REINALDO ROSA

REGRAS:

1. FORME DUPLA COM UM COLEGA, PEGUEM OS TABULEIROS E DECIDAM QUEM COMEÇA O JOGO.
2. CADA PARTICIPANTE FAZ 20 BOLINHAS COM MASSA DE MODELAR.
3. CADA UM, NA SUA VEZ, JOGA O DADO E COLOCA SOBRE AS PERNINHAS DO SEU MONSTRO A QUANTIDADE DE BOLINHAS CORRESPONDENTE AO NÚMERO TIRADO NO DADO.
4. VENCE QUEM COMPLETAR PRIMEIRO SEU MONSTRINHO.

7. MANUELA E HENRIQUE ESTÃO JOGANDO **COMPLETANDO O MONSTRINHO**.

- OBSERVE AO LADO A JOGADA QUE MANUELA FEZ E RESPONDA: QUANTAS BOLINHAS DE MASSA DE MODELAR ELA COLOCARÁ NO TABULEIRO?

  _____

- AGORA, VEJA A JOGADA DE HENRIQUE E RESPONDA: QUANTAS BOLINHAS DE MASSA DE MODELAR ELE COLOCARÁ NO TABULEIRO?

  _____

- NESTA RODADA, QUEM COLOCOU MAIS BOLINHAS? MARQUE COM UM **X**.

31

8. OBSERVE O QUADRO ABAIXO.

SIGA AS ORIENTAÇÕES.

- CONTORNE O NOME DE QUEM ESTÁ GANHANDO O JOGO.

      MANUELA   HENRIQUE

- QUANTAS PERNINHAS HENRIQUE JÁ COMPLETOU? MARQUE COM UM **X**.

    8   10   12

- QUANTAS PERNINHAS MANUELA JÁ COMPLETOU?

  ESCREVA AQUI: _____.

- QUANTAS PERNINHAS ESTÃO SEM BOLINHAS NO TABULEIRO DE HENRIQUE? MARQUE COM UMA ●.

    8   10   11

9. NO JOGO **COMPLETANDO O MONSTRINHO**, JUSSARA ESTAVA COM 15 PERNINHAS COMPLETAS EM SEU TABULEIRO. AO LANÇAR O DADO, TIROU 3. QUANTAS PERNINHAS COMPLETAS JUSSARA TEM AGORA? DESENHE SUA SOLUÇÃO NO ESPAÇO ABAIXO.

10. LUCAS TAMBÉM ESTAVA JOGANDO. NO TABULEIRO DELE HAVIA 18 PERNINHAS COMPLETAS. AO LANÇAR O DADO NOVAMENTE, ELE TIROU 2 PONTOS. DESENHE NO TABULEIRO ABAIXO A QUANTIDADE DE BOLINHAS QUE LUCAS TEM AGORA. EM SEGUIDA, RESPONDA SE ELE CONSEGUIU OU NÃO COMPLETAR TODAS AS PERNINHAS.

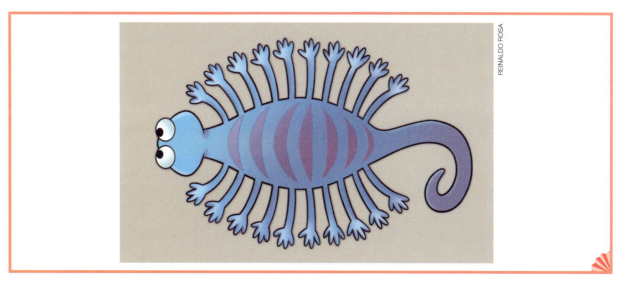

LUCAS CONSEGUIU COMPLETAR TODAS AS PERNINHAS?

COLEÇÃO DE PROBLEMAS

1. O QUE É QUE DÁ UM PULO E SE VESTE DE NOIVA? FAÇA UM DESENHO DA SUA RESPOSTA.

2. JOÃO E O PAI FORAM FAZER COMPRAS. AO CHEGAREM EM CASA, O PAI PERCEBEU QUE TINHA PERDIDO A CHAVE. O QUE ELES PODEM FAZER? DESENHE SUA SOLUÇÃO NO ESPAÇO ABAIXO.

- CONVERSE COM OS COLEGAS PARA SABER COMO ELES PENSARAM A RESOLUÇÃO DESSE PROBLEMA.

3. HELENA E PATRÍCIA BRINCARAM A TARDE TODA. AGORA PRECISAM GUARDAR OS BRINQUEDOS EM 4 CESTOS. AJUDE-AS A GUARDAR TUDO LIGANDO OS BRINQUEDOS AOS CESTOS.

- COMO SEUS COLEGAS ORGANIZARAM OS BRINQUEDOS? CONVERSE COM ELES E DESCUBRA O QUE PENSARAM.

FIGURAS GEOMÉTRICAS PLANAS

1. OBSERVE ESTA CENA.

- MARQUE COM UM **X** AS FORMAS QUE LEMBRAM O △.
- CONTORNE AS FORMAS QUE LEMBRAM O ☐.
- NA CENA HÁ MAIS ◯ OU △? MARQUE A RESPOSTA COM UM **X**.

2. RECORTE AS FIGURAS GEOMÉTRICAS PLANAS DA PÁGINA 185 DO **MATERIAL COMPLEMENTAR**. EM SEGUIDA, SOBREPONHA ESSAS FIGURAS NA IMAGEM ABAIXO.

3. DEPOIS DE COBRIR O DESENHO, PINTE:
- DE 🔵 O TRIÂNGULO;
- DE 🟠 O CÍRCULO;
- DE 🟡 O QUADRADO;
- DE 🟢 OS RETÂNGULOS.

37

4. VOCÊ APRENDERÁ A BRINCADEIRA **PODE ENTRAR NA FIGURA**. SIGA AS ORIENTAÇÕES DO PROFESSOR.

5. LIGUE CADA FIGURA GEOMÉTRICA PLANA AO NOME DELA.

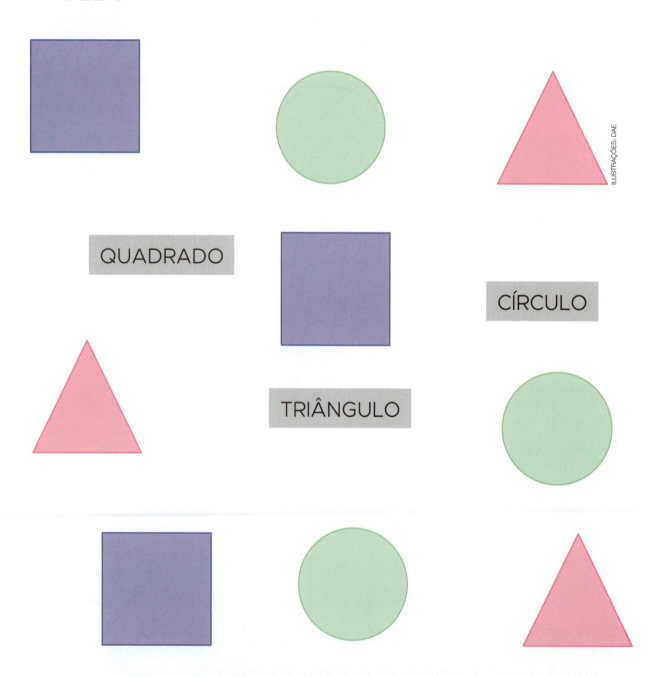

6. RECORTE, DE REVISTAS OU JORNAIS, IMAGENS DE OBJETOS E LOCALIZE NELES PARTES QUE LEMBRAM O QUADRADO E O TRIÂNGULO. COLE OS RECORTES NO PAINEL MONTADO NA SALA DE AULA.

RÁPIDO E DEVAGAR

1. VOCÊ CONHECE ESTA BRINCADEIRA?

IVAN CRUZ, *PULANDO CORDA III*, 2004. ACRÍLICO SOBRE TELA, 30 CM × 60 CM.

- QUANTAS CRIANÇAS ESTÃO BRINCANDO? _____
- QUE MOVIMENTO CADA UMA DAS CRIANÇAS ESTÁ FAZENDO?

39

BRINCADEIRA

ZERINHO

1. VOCÊ JÁ BRINCOU DE **ZERINHO** USANDO UMA CORDA? POR QUE SERÁ QUE A BRINCADEIRA TEM ESSE NOME? OBSERVE AS CENAS.

HENRIQUE BRUM

2. CHAME OS COLEGAS, FORMEM GRUPOS E BRINQUEM DE **ZERINHO**!!!

2. O QUE FALTA NESTE DESENHO PARA REPRESENTAR A BRINCADEIRA **ZERINHO**? COMPLETE-O.

3. LEIA O TEXTO A SEGUIR COM O PROFESSOR.

COMO PULAMOS CORDA

DUAS CRIANÇAS BATEM CORDA PARA OUTRA PULAR. CADA UMA SEGURA NUMA PONTA E FAZ MOVIMENTOS GIRATÓRIOS COM A CORDA.

A CRIANÇA QUE VAI PULAR FICA AO LADO DA CORDA E AO CENTRO. PARA PULAR CERTO É PRECISO ESPERAR A CORDA PASSAR EM VOLTA DE TODO O CORPO. QUANDO A CORDA CHEGA PERTO DOS PÉS, VOCÊ DÁ UM PULO PARA NÃO SE ENROSCAR NELA.

TEXTO COLETIVO DO 1º ANO

- QUAL É A DIFERENÇA ENTRE A BRINCADEIRA **PULAR CORDA** E A BRINCADEIRA **ZERINHO**?
- VOLTE À PÁGINA 39 E OBSERVE NOVAMENTE A OBRA DO ARTISTA IVAN CRUZ. AS CRIANÇAS ESTÃO BRINCANDO DE **ZERINHO** OU DE **PULAR CORDA**? CONTORNE O NOME DA BRINCADEIRA.

PULAR CORDA   ZERINHO

- CHAME OS COLEGAS E SE ORGANIZEM PARA PULAR CORDA. VEJAM SE O TEXTO ACIMA AJUDA A TODOS A SE SAÍREM BEM.

A QUE HORAS EU...

1. CONVERSE COM UM ADULTO E DESCUBRA A QUE HORAS VOCÊ:

ACORDA

SAI DE CASA PARA IR À ESCOLA

ALMOÇA

DORME

- FAÇA UM DESENHO PARA ILUSTRAR CADA MOMENTO.
- COMPARE SEUS REGISTROS COM OS DOS COLEGAS.

GRÁFICO

1. OBSERVE ESTA IMAGEM. CADA FILA REPRESENTA A FRUTA PREFERIDA PELO GRUPO DE CRIANÇAS.

FRUTAS PREFERIDAS PELAS CRIANÇAS

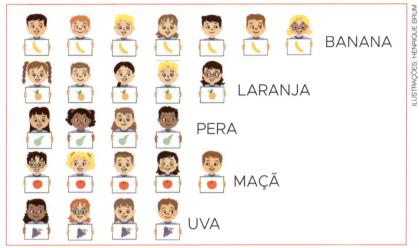

FONTE: DADOS OBTIDOS COM BASE NA PREFERÊNCIA DE CADA CRIANÇA.

AGORA RESPONDA:

- QUANTAS CRIANÇAS PREFEREM PERA? _____

  E BANANA? _____

- ENTRE AS FRUTAS A SEGUIR, QUAL É A PREFERIDA PELAS CRIANÇAS DO GRUPO?

  ☐ LARANJA.   ☐ PERA.

- COMO VOCÊ CHEGOU À RESPOSTA DA PERGUNTA ANTERIOR?

2. SUA TURMA FORMARÁ FILAS PARA REPRESENTAR AS PREFERÊNCIAS! ENTRE AS FRUTAS ABAIXO, QUAL É A SUA FAVORITA?

AS IMAGENS NÃO ESTÃO REPRESENTADAS EM PROPORÇÃO.

RETOMADA

1. MELISSA ESTÁ JOGANDO **COMPLETANDO O MONSTRINHO**. VEJA NA IMAGEM AO LADO.

- QUANTAS PERNINHAS ELA JÁ CONSEGUIU COMPLETAR?

  _____

- MELISSA JOGOU O DADO NOVAMENTE. VEJA:

  AGORA, QUANTAS BOLINHAS DE MASSA DE MODELAR ELA DEVERÁ COLOCAR EM SEU TABULEIRO? _____

- DEPOIS DESSA JOGADA, QUANTAS PERNINHAS MELISSA TERÁ COMPLETADO? _____

2. CONTORNE O MEIO DE TRANSPORTE MAIS RÁPIDO.

AS IMAGENS NÃO ESTÃO REPRESENTADAS EM PROPORÇÃO.

BICICLETA

AVIÃO

CARRO

3. OBSERVE A CENA E ESCREVA A QUANTIDADE DOS ELEMENTOS INDICADOS.

4. PINTE AS FIGURAS PLANAS QUE FORMAM O CARRINHO. USE AS CORES INDICADAS NA LEGENDA.

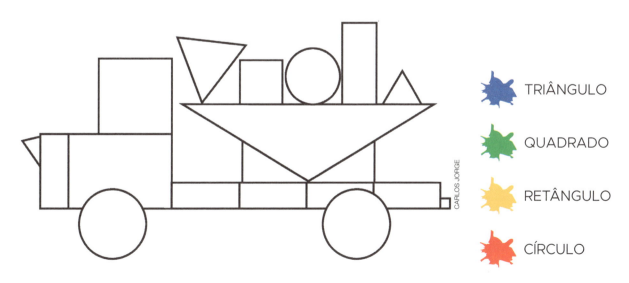

45

PERISCÓPIO

📖 PARA LER

RÁPIDO COMO UM GAFANHOTO, DE AUDREY WOOD. SÃO PAULO: BRINQUE-BOOK, 2007. DESCUBRA NESSE LIVRO COMO PESSOAS E ANIMAIS PODEM TER JEITOS BEM PARECIDOS. ENCONTRE ALGUNS ANIMAIS PARECIDOS COM VOCÊ.

O MUNDO MÁGICO DOS NÚMEROS, DE JUNG SUN HIE E JEON IN KANG. 2. ED. SÃO PAULO: CALLIS, 2011.
SURPREENDA-SE E DIVIRTA-SE COM AS FORMAS DOS NÚMEROS. AO MESMO TEMPO, TREINE ESCREVER NÚMEROS DE 1 A 10.

AQUI ESTÁ TÃO QUENTINHO, DE JANG SEON HIE. SÃO PAULO: CALLIS, 2010.
UM OGRO SEM AMIGOS E ALGUNS ANIMAIS PARTEM EM BUSCA DE UM LUGAR PARA SE PROTEGER DO FRIO DO INVERNO. APROVEITE PARA CONTAR E SABER A QUANTIDADE DE ANIMAIS EM CADA GRUPO DESSA TURMA ANIMADA.

UNIDADE 3
O QUE VEM ANTES?

1. COMO SERÁ QUE ESTA HISTÓRIA COMEÇOU? E COMO VAI TERMINAR?
RECORTE AS FIGURAS DA PÁGINA 187, DO **MATERIAL COMPLEMENTAR**, COLE-AS E NUMERE-AS NA SEQUÊNCIA CORRETA.

- DEPOIS DE COLAR E NUMERAR AS FIGURAS, CONTE A HISTÓRIA AOS COLEGAS E AO PROFESSOR.

AGORA, ANTES, DEPOIS...

1. ALBERTO VAI À ESCOLA NO PERÍODO DA MANHÃ. ELE ESTÁ NA ESCOLA **AGORA**.
NAS CENAS ABAIXO:

   - CONTORNE O QUE ALBERTO PODE TER FEITO **ANTES** DE IR PARA A ESCOLA;
   - MARQUE COM **X** O QUE ELE PODE FAZER **DEPOIS** DE SAIR DA ESCOLA.

2. CONVERSE COM OS COLEGAS E CONTE A ELES O QUE VOCÊ COSTUMA FAZER:

   - **ANTES** DE VIR À ESCOLA;
   - **DEPOIS** DE SAIR DA ESCOLA.

3. CONVERSE COM O PROFESSOR SOBRE O HORÁRIO EM QUE VOCÊ ENTRA E O HORÁRIO EM QUE VOCÊ SAI DA ESCOLA.

GIRAMUNDO

O DIA E A NOITE

MUITOS ARTISTAS CRIARAM OBRAS QUE REPRESENTAM O CÉU DURANTE O DIA E À NOITE. VEJA!

QUADRO 1 – PINTADO PELO ARTISTA HOLANDÊS VINCENT VAN GOGH.

QUADRO 2 – PINTADO PELO ARTISTA FRANCÊS CLAUDE MONET.

1. EM SUA OPINIÃO, OS QUADROS MOSTRAM O CÉU DURANTE O DIA OU À NOITE?

2. QUE NOME VOCÊ DARIA PARA CADA QUADRO?

_____

3. AGORA O PROFESSOR VAI LER O NOME QUE CADA PINTOR DEU AO QUADRO DELE. VEJA SE VOCÊ TEVE A MESMA IDEIA QUE ELES.

49

CALENDÁRIO

1. OBSERVE ESTAS IMAGENS.

- O QUE ELAS REPRESENTAM? _____
- VOCÊ JÁ VIU OBJETOS PARECIDOS COM ESSES EM OUTROS LUGARES? ONDE? _____

_____

- PARA QUE ELES SERVEM? _____

_____

50

2. ESTE É O CALENDÁRIO DO MÊS DE JANEIRO DE 2019.

NESSE CALENDÁRIO:
- CONTORNE O NOME DO MÊS.
- PINTE DE:

 TODOS OS DOMINGOS E SÁBADOS;

 TODOS OS OUTROS DIAS DA SEMANA.

COSTUMAMOS CHAMAR DE **FIM DE SEMANA** OS DIAS QUE VOCÊ PINTOU DE **VERDE**. GERALMENTE NÃO HÁ AULA NESSES DIAS.

OS DIAS QUE VOCÊ PINTOU DE **AMARELO** SÃO OS DIAS ÚTEIS: SEGUNDA-FEIRA, TERÇA-FEIRA, QUARTA-FEIRA, QUINTA-FEIRA E SEXTA-FEIRA. COSTUMA HAVER AULA NESSES DIAS.

3. VAMOS LER ESTE POEMA QUE FALA DE... DESCUBRA VOCÊ MESMO!

A SEMANA INTEIRA

A SEGUNDA FOI À FEIRA;
PRECISAVA DE FEIJÃO;
A TERÇA FOI À FEIRA;
PRA COMPRAR UM PIMENTÃO;
A QUARTA FOI À FEIRA;
PRA BUSCAR QUIABO E PÃO;
A QUINTA FOI À FEIRA;
POIS GOSTAVA DE AGRIÃO;
A SEXTA FOI À FEIRA;
TEM BANANA? TEM MAMÃO?

SÁBADO NÃO TEM FEIRA
E DOMINGO TAMBÉM NÃO.

SÉRGIO CAPPARELLI. *A SEMANA INTEIRA*. 111 POEMAS PARA CRIANÇAS. 18 ED. PORTO ALEGRE: EDITORA L&PM, 2012.

• ENCONTRE, NO TEXTO, O NOME DOS DIAS DA SEMANA E CONTORNE-OS COM LÁPIS COLORIDO.

4. PREENCHA O CALENDÁRIO COM OS DADOS DO MÊS EM QUE ESTAMOS. O PROFESSOR AJUDARÁ VOCÊ.

MÊS: _____

DOMINGO	SEGUNDA-FEIRA	TERÇA-FEIRA	QUARTA-FEIRA	QUINTA-FEIRA	SEXTA-FEIRA	SÁBADO

AGORA FAÇA O QUE SE PEDE.

- PINTE DE 🔴 O DIA DE HOJE;
- CONTORNE DE 🔵 O DIA DA SEMANA EM QUE ESTAMOS;
- MARQUE COM **X** O DIA DA SEMANA QUE FOI ONTEM;
- PINTE DE 🟢 O DIA DA SEMANA QUE SERÁ AMANHÃ;
- QUANTOS DOMINGOS HÁ NESSE MÊS?

_____

5. VOCÊ ESTÁ FAZENDO ESTA ATIVIDADE:

☐ **ANTES** DO RECREIO.   ☐ **DEPOIS** DO RECREIO.

CONTAR E COMPARAR QUANTIDADES

1. OBSERVE ESTA CENA.

- O QUE TEM MAIS? MARQUE COM UM **X**.

    ☐ BRINQUEDOS.   ☐ CRIANÇAS.

- QUANTAS BOLAS HÁ? _____

- HÁ UMA BOLA PARA CADA MENINA?

    ☐ SIM.   ☐ NÃO.

- E PETECAS? HÁ UMA PARA CADA MENINO?

    ☐ SIM.   ☐ NÃO.

54

2. ESTA É A FAZENDA DE MARIANA. OBSERVE:

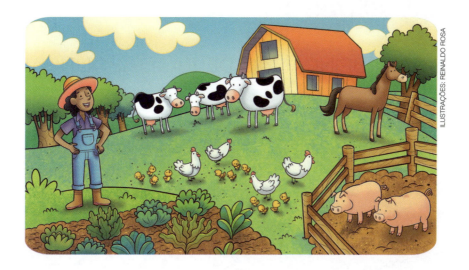

- QUANTOS ANIMAIS DE CADA TIPO APARECEM? ESCREVA NOS QUADRINHOS.

AS IMAGENS NÃO ESTÃO REPRESENTADAS EM PROPORÇÃO.

- CONTORNE O ANIMAL QUE APARECE EM MAIOR QUANTIDADE NA FAZENDA.
- MARQUE COM UM **X** O ANIMAL QUE APARECE EM MENOR QUANTIDADE NA FAZENDA.

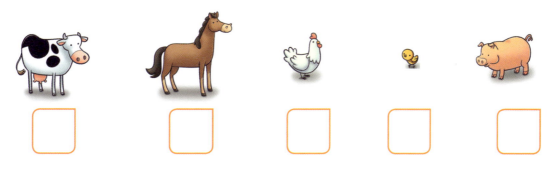

- QUANTOS ANIMAIS MARIANA TEM NA FAZENDA?

_____

MARIA ESTÁ BRINCANDO DE FAZER BOLINHAS DE SABÃO.

1. SEM CONTAR AS BOLINHAS, FAÇA UMA ESTIMATIVA E MARQUE COM **X** UMA DAS OPÇÕES A SEGUIR.

☐ MARIA FEZ **MAIS QUE** 10 BOLINHAS DE SABÃO.

☐ MARIA FEZ **MENOS QUE** 10 BOLINHAS DE SABÃO.

2. AGORA CONTE QUANTAS BOLINHAS DE SABÃO MARIA FEZ E ANOTE: _____.

3. SUA ESTIMATIVA FOI BOA? CONTORNE A FIGURA PARA RESPONDER.

JOGO

BINGO

PARTICIPANTES:

TODOS OS ALUNOS DA TURMA.

MATERIAL:

- CARTELA QUE ESTÁ NA PÁGINA 189 DO **MATERIAL COMPLEMENTAR**.

REGRAS:

1. RECORTE A CARTELA E ESCREVA NELA SEIS NÚMEROS, UM EM CADA QUADRINHO. VOCÊ PODE ESCOLHER NÚMEROS DE 1 A 20.
2. A CADA RODADA, UM NÚMERO SERÁ SORTEADO PELO PROFESSOR.
3. SE VOCÊ TIVER EM SUA CARTELA O NÚMERO SORTEADO, DEVE MARCAR UM **X** NELE.
4. GANHA QUEM COMPLETAR TODA A CARTELA PRIMEIRO.

AGORA USE A CARTELA QUE VOCÊ MONTOU E JOGUE **BINGO** COM OS COLEGAS!

EM SEGUIDA, RESPONDA:

- QUEM GANHOU O JOGO?
- QUE NÚMEROS DE SUA CARTELA VOCÊ NÃO CONSEGUIU MARCAR?

NÚMEROS ATÉ 30

1. PINTE A QUANTIDADE DE FRUTAS QUE CADA NÚMERO REPRESENTA.

ILUSTRAÇÕES: ANDRE MARTINS

2
DOIS

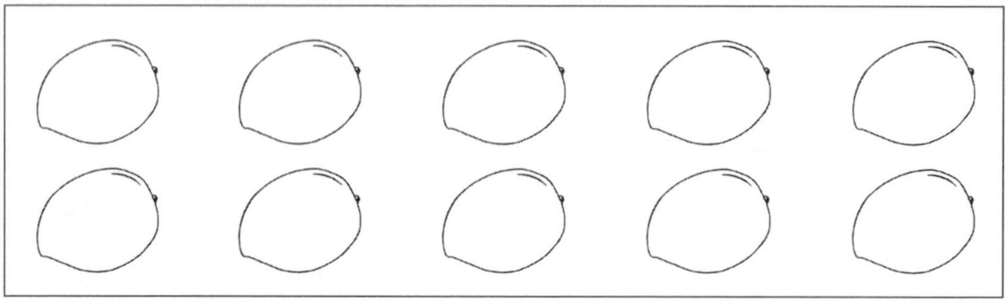

9
NOVE

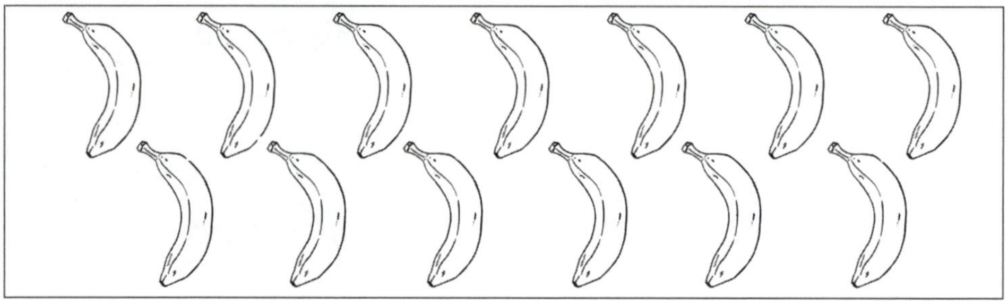

15
QUINZE

20
VINTE

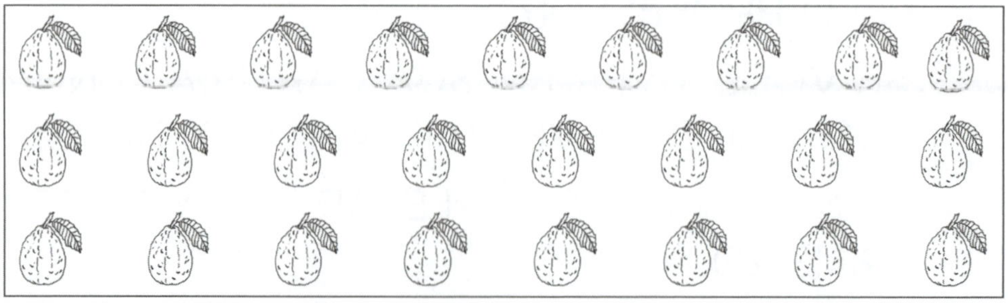

2. CONTINUE AS SEQUÊNCIAS NUMÉRICAS.

| 22 | 23 | | | | | | 29 |

| 10 | 12 | 14 | | | | | 24 |

3. COMPLETE O QUADRO COM OS NÚMEROS QUE FALTAM E DEPOIS FAÇA O QUE SE PEDE.

1	2	3		5	6		8	9	
11		13	14		16	17		19	20
	22		24	25		27	28	29	30

- PINTE DE 🍁 O MAIOR NÚMERO QUE APARECE NO QUADRO.
- PINTE DE 🍃 O MENOR NÚMERO QUE APARECE NO QUADRO.

4. NO QUADRO A SEGUIR, PREENCHA SOMENTE OS ESPAÇOS COLORIDOS.

AGORA RESPONDA QUE NÚMERO VEM:

- IMEDIATAMENTE DEPOIS DE 10? _____
- IMEDIATAMENTE DEPOIS DE 20? _____

O QUE VOCÊ PERCEBEU NOS NÚMEROS QUE VÊM IMEDIATAMENTE DEPOIS DE 10 E 20?

LOCALIZAÇÃO E DIREÇÃO

1. OBSERVE ESTA CENA.

- CONTORNE O PATINHO QUE ESTÁ FORA DO LAGO.
- MARQUE COM UM **X** A CRIANÇA QUE ESTÁ EM FRENTE À ÁRVORE.
- INDIQUE COM UMA ⟶ A CRIANÇA QUE ESTÁ ATRÁS DA ÁRVORE.
- CONTORNE O SAPO QUE ESTÁ EM CIMA DA PEDRA.
- QUE ANIMAL ESTÁ À DIREITA DO MENINO DE CAMISETA AMARELA?

  _____

- QUANTAS CRIANÇAS ESTÃO À ESQUERDA DA MULHER?

  _____

- OLHANDO PARA AS DUAS CRIANÇAS QUE ESTÃO COM A MULHER, QUAL DELAS ESTÁ MAIS PRÓXIMA DA PONTE? CONTORNE-A.

COLEÇÃO DE PROBLEMAS

1. O QUE VOCÊ FARIA SE ESTIVESSE TOMANDO BANHO E DE REPENTE A ÁGUA ACABASSE?
DESENHE SUA SOLUÇÃO.

2. RENATO RESOLVEU DOAR ALGUNS BRINQUEDOS PARA UMA INSTITUIÇÃO DE CRIANÇAS CARENTES. ELE DEU 5 CAMINHÕES, 4 PIÕES E 7 BOLAS. QUANTOS BRINQUEDOS ELE DOOU? _____
DESENHE SUA SOLUÇÃO.

- CONVERSE COM OS COLEGAS PARA SABER COMO ELES PENSARAM A RESOLUÇÃO DESSES DOIS PROBLEMAS.

RETOMADA

1. VAMOS ADIVINHAR?

> **O QUE É, O QUE É?**
> SÃO SETE IRMÃOS.
> CINCO FORAM À FEIRA E DOIS NÃO.

2. REPRESENTE COMO PREFERIR A QUANTIDADE INDICADA EM CADA QUADRO.

| 2 | 5 | 8 |

3. OBSERVE A IMAGEM AO LADO.
   - CIRCULE A FRUTA QUE APARECE EM MAIOR QUANTIDADE NA FRUTEIRA.

AS IMAGENS NÃO ESTÃO REPRESENTADAS EM PROPORÇÃO.

ILUSTRAÇÕES: ANDRE MARTINS

4. QUEM SOU EU?

- SOU MAIOR QUE 5 E MENOR QUE 7: _____.

- SOU MENOR QUE 3 E MAIOR QUE 1: _____.

- SOU MENOR QUE 5 E MAIOR QUE 3: _____.

5. COMPLETE A SEQUÊNCIA NUMÉRICA.

| 1 | | 3 | 4 | | 6 | | 8 | | |

6. COMPLETE A CENA DESENHANDO:
- UM CARRO **EM FRENTE** AO PRÉDIO;
- ALGUMAS NUVENS **ACIMA** DO PRÉDIO;
- UMA PESSOA **AO LADO** DO PRÉDIO.

PERISCÓPIO

📖 PARA LER

O CALENDÁRIO, DE MIRNA PINSKY. SÃO PAULO: FTD, 2000.
QUE OS RATOS COSTUMAM ROER COISAS, ISSO TODO MUNDO SABE... MAS VOCÊ JÁ VIU UM RATINHO QUE RÓI CALENDÁRIO DE PAREDE E DEPOIS SE ARREPENDE? ISSO É O QUE ACONTECE NESSE LIVRO. CONFIRA COMO O RATINHO RESOLVE O PROBLEMA!

QUEM FAZ OS DIAS DA SEMANA?, DE LÚCIA PIMENTEL GÓES. SÃO PAULO: LAROUSSE JÚNIOR, 2005.
NESSE LIVRO ESTÃO REUNIDAS VÁRIAS PARLENDAS QUE TRATAM DE COMO DIFERENTES PESSOAS VIVEM A SEMANA.

UNIDADE 4
TAMANHO É DOCUMENTO?

1. EM SUA OPINIÃO, QUAL DESTES ANIMAIS É O MAIS PERIGOSO? MARQUE COM UM **X**.

AS IMAGENS NÃO ESTÃO REPRESENTADAS EM PROPORÇÃO.

TARTARUGA-DA-AMAZÔNIA.

ARANHA VIÚVA-NEGRA.

MICO-LEÃO-PRETO.

RÃ FLECHA AZUL.

- AGORA RELEIA O TÍTULO DESTA UNIDADE. QUE RESPOSTA VOCÊ DARIA À PERGUNTA?

65

MAIOR OU MENOR?

1. LEIA O POEMA A SEGUIR COM A AJUDA DO PROFESSOR.

A PISADA PESADA DO GIGANTE

LÁ VEM O GRANDE GIGANTE
PISANDO FORTE NO CHÃO
TURURU, TUM, TUM
O SEU PÉ É BEM GRANDÃO
QUANDO BATE
FAZ TREMER O CHÃO
TURURU, TUM, TUM

DOMÍNIO PÚBLICO.

- BRINQUE DE PISAR FORTE, DE DAR PASSOS GRANDES E PEQUENOS.
- VOCÊ ACHA QUE SEU PÉ É **MAIOR** OU **MENOR** QUE O PÉ DO GIGANTE DO POEMA?

2. JUNTE-SE A MAIS TRÊS COLEGAS E COMPAREM:
- QUEM TEM O PÉ **MAIOR**?
- E QUEM TEM O PÉ **MENOR**?

3. E AGORA? QUE ANIMAL A SEGUIR TEM A PEGADA **MENOR**? OBSERVE E MARQUE COM UM **X**.

AS IMAGENS NÃO ESTÃO REPRESENTADAS EM PROPORÇÃO.

☐ LEÃO.

☐ GATO.

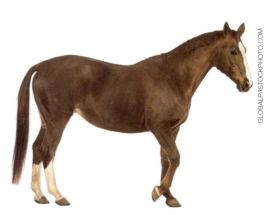

☐ ELEFANTE.

☐ CAVALO.

67

ALTO OU BAIXO?

1. NA IMAGEM A SEGUIR:
- CONTORNE A CRIANÇA MAIS **ALTA**;
- FAÇA UM **X** NA CRIANÇA MAIS **BAIXA**.

2. DESENHE, NO QUADRO ABAIXO, UMA CRIANÇA MAIS **ALTA** QUE TODAS AS CRIANÇAS DA ILUSTRAÇÃO ACIMA.

CURTO OU COMPRIDO?

1. PINTE:
- O BARBANTE MAIS **COMPRIDO** DE 🔵;
- O BARBANTE MAIS **CURTO** DE 🟡.

2. AGORA FAÇA UM **X** NA GIRAFA QUE **NÃO TEM** O PESCOÇO MAIS CURTO NEM O PESCOÇO MAIS COMPRIDO.

UM QUEBRA-CABEÇA DIFERENTE

VOCÊ JÁ OUVIU FALAR NO TANGRAM?

O **TANGRAM** É UM QUEBRA-CABEÇA CHINÊS FORMADO POR SETE PEÇAS.

CONHEÇA CADA UMA DESSAS PEÇAS AO LADO.

1. QUANTAS FIGURAS DE CADA TIPO FORMAM O TANGRAM? MARQUE NOS QUADRINHOS.

      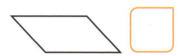

 ESTA FIGURA É CHAMADA DE **PARALELOGRAMO**.

2. NO TANGRAM ABAIXO, PINTE:
   - O QUADRADO DE ;
   - OS TRIÂNGULOS GRANDES DE ;
   - OS TRIÂNGULOS PEQUENOS DE ;
   - O TRIÂNGULO MÉDIO DE ;
   - O PARALELOGRAMO DE .

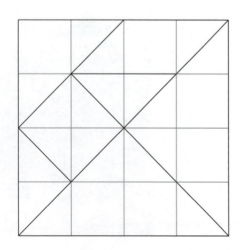

3. DESCUBRA O PADRÃO E COMPLETE A SEQUÊNCIA DE FIGURAS ATÉ PREENCHER AS DUAS LINHAS.

COM AS PEÇAS DO TANGRAM PODEMOS MONTAR FIGURAS DE ANIMAIS, PESSOAS, OBJETOS.

EM CADA FIGURA É PRECISO USAR AS SETE PEÇAS DO QUEBRA-CABEÇA ENCOSTANDO UMA NA OUTRA.

VEJA ALGUMAS FIGURAS FEITAS COM O TANGRAM:

4. RECORTE AS PEÇAS QUE ESTÃO NA PÁGINA 191 DO **MATERIAL COMPLEMENTAR**.

- SOBREPONHA AS PEÇAS DO TANGRAM NAS FIGURAS A SEGUIR. VOCÊ DESCOBRIRÁ LINDOS DESENHOS!

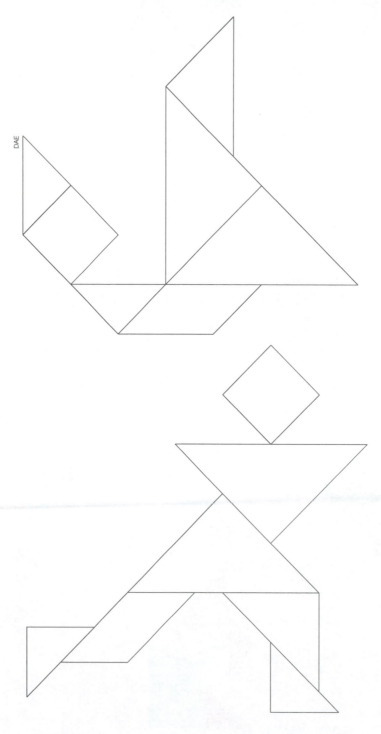

- AGORA, PINTE CADA PEÇA QUE COMPÕE AS FIGURAS ACIMA. USE AS CORES QUE PREFERIR.

72

CONTAR E COMPARAR QUANTIDADES

1. NO QUADRO A SEGUIR, PINTE:

   • DE 🌟 O NÚMERO QUE REPRESENTA A QUANTIDADE DE 👧 DE SUA TURMA;

   • DE 🟢 O NÚMERO QUE REPRESENTA A QUANTIDADE DE 🧒 DE SUA TURMA.

1	2	3	4	5	6	7	8	9	10
11	12	13	14	15	16	17	18	19	20
21	22	23	24	25	26	27	28	29	30

• O QUE HÁ MAIS EM SUA TURMA? MARQUE COM UM **X**.

2. NESTE QUADRO, ESCREVA O NÚMERO QUE VEM **ANTES** E O QUE VEM **DEPOIS** DOS NÚMEROS DADOS.

				5				9	
	12				16				
		23					28		

73

JOGO

CORRIDA DE CARROS

PARTICIPANTES:

VOCÊ E UM COLEGA DA TURMA.

MATERIAL:

- TABULEIRO E CARRO QUE ESTÃO NA PÁGINA 193 DO **MATERIAL COMPLEMENTAR**. PINTE O CARRO COMO PREFERIR.
- UM DADO DE NÚMEROS.

REGRAS:

1. RECORTE O TABULEIRO E O CARRO.
2. DECIDAM QUEM VAI COMEÇAR A PARTIDA.
3. CADA JOGADOR, NA SUA VEZ, JOGA O DADO E VÊ QUE NÚMERO SAIU. EM SEGUIDA, ANDA COM SEU CARRO O NÚMERO DE CASAS CORRESPONDENTE AOS PONTOS TIRADOS NO DADO.
4. SE HOUVER INSTRUÇÃO NA CASA EM QUE O CARRO PARAR, O JOGADOR DEVE SEGUI-LA.
5. GANHA QUEM CHEGAR PRIMEIRO AO FINAL DO PERCURSO.

1. DEPOIS DE JOGAR **CORRIDA DE CARROS**, COMENTE COM OS COLEGAS E O PROFESSOR:

- VOCÊ E SEU COLEGA ENTENDERAM O JOGO?
- CONSEGUIRAM JOGAR ATÉ O FINAL?
- FICARAM COM ALGUMA DÚVIDA SOBRE COMO JOGAR? SE SIM, QUAL?

2. JUNTE-SE A UM COLEGA. OBSERVEM O TABULEIRO DO JOGO E RESPONDAM:

- QUANTAS CASAS HÁ? _____.

- QUAL É O MAIOR NÚMERO? _____

- QUAL É O PRIMEIRO NÚMERO? _____

- LUÍS TIROU 4 NO DADO E MOVIMENTOU SEU CARRO ATÉ A CASA 9. EM QUAL CASA ELE ESTAVA ANTES DE LANÇAR O DADO? _____

3. COMPLETE:
- JÉSSICA ESTÁ COM SEU CARRO NA CASA 13. ELA TIROU 5 NO DADO. O CARRO DE JÉSSICA FOI PARAR NA CASA DE NÚMERO _____.

COLEÇÃO DE PROBLEMAS

1. OBSERVE A CENA E RESPONDA ÀS QUESTÕES.

- QUANTOS MENINOS HÁ NA RODA? _____

- E QUANTAS MENINAS? _____

- QUANTAS CRIANÇAS FORMAM A RODA? _____
- DO QUE ELAS ESTÃO BRINCANDO?

_____

_____

76

2. DESENHE AS FRUTAS QUE FALTAM PARA QUE CADA CRIANÇA TENHA UMA FRUTA DE CADA TIPO.

3. USANDO AS PEÇAS DO TANGRAM, FORME UMA FIGURA COM:

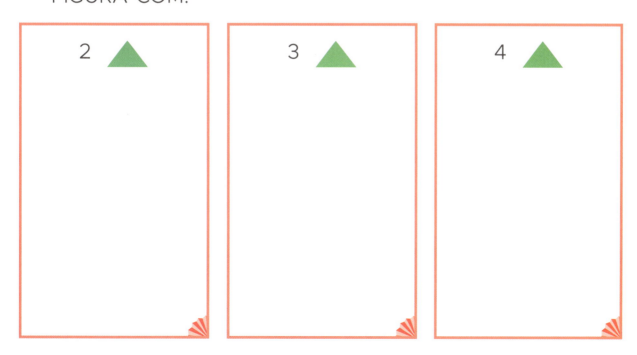

PROBABILIDADE E ESTATÍSTICA

ORGANIZANDO AS INFORMAÇÕES EM UM GRÁFICO

QUEM NÃO ADORA UM SORVETE BEM GELADINHO? SÃO MUITOS OS SABORES!

1. E VOCÊ, QUAL É SEU SABOR PREFERIDO? MARQUE COM UM **X**.

☐ MORANGO.   ☐ CHOCOLATE.   ☐ CREME.

☐ MANGA.   ☐ ABACAXI.   ☐ COCO.

☐ UVA.   ☐ CUPUAÇU.   ☐ GRAVIOLA.

2. QUAL É O SABOR DE SORVETE PREFERIDO POR SUA TURMA?

• PINTE NO GRÁFICO UM ☐ PARA CADA SABOR ESCOLHIDO.

SABOR DE SORVETE PREFERIDO PELA TURMA

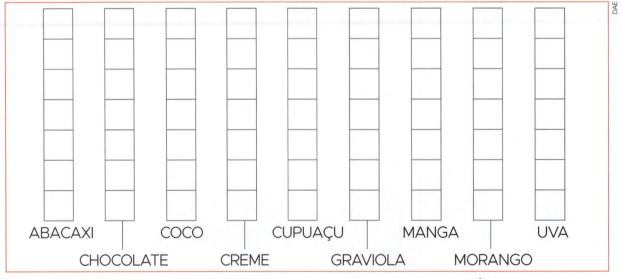

FONTE: DADOS OBTIDOS COM BASE NAS PREFERÊNCIAS DA TURMA.

- QUAL SABOR TEVE MAIOR PREFERÊNCIA NA TURMA?

_____

- E QUAL FOI O SABOR COM MENOS PREFERÊNCIA?

_____

- O SABOR DE QUE VOCÊ MAIS GOSTA TAMBÉM É O PREFERIDO PELA MAIORIA DA TURMA?

☐ SIM. ☐ NÃO.

SERÁ QUE ACONTECERÁ?

1. PAULO E ANDRESSA BRINCAVAM DE SORTEAR TAMPINHAS COLORIDAS DE GARRAFAS. ELES JUNTARAM 5 TAMPAS AMARELAS E 2 VERDES, TODAS DE MESMO TAMANHO.
NOS 5 PRIMEIROS SORTEIOS SAÍRAM 4 TAMPAS AMARELAS E 1 VERDE.
MARQUE COM UM **X** A MELHOR OPÇÃO PARA CADA AFIRMAÇÃO A SEGUIR.

- NO PRÓXIMO SORTEIO, PODERÁ SAIR UMA TAMPA VERDE.

☐ TALVEZ SAIA. ☐ IMPOSSÍVEL SAIR.

- NO PRÓXIMO SORTEIO, PODERÁ SAIR UMA TAMPA AMARELA.

☐ TALVEZ SAIA. ☐ IMPOSSÍVEL SAIR.

- NO PRÓXIMO SORTEIO, PODERÁ SAIR UMA TAMPA BRANCA.

☐ TALVEZ SAIA. ☐ IMPOSSÍVEL SAIR.

RETOMADA

1. COMPLETE O DIAGRAMA DE PALAVRAS COM O NOME DOS DIAS DA SEMANA.

SE PRECISAR, USE ESTE BANCO DE PALAVRAS:
SEGUNDA
TERÇA
QUARTA
QUINTA
SEXTA
SÁBADO
DOMINGO

2. AS CRIANÇAS ORGANIZARAM-SE DA **MENOR** PARA A **MAIOR** A FIM DE ENTRAR NO ÔNIBUS DA ESCOLA.

- IH! ALGUÉM ESTÁ NO LUGAR ERRADO! MARQUE COM UM **X** ESSA CRIANÇA.

3. LIGUE CADA FIGURA GEOMÉTRICA AO NOME DELA.

TRIÂNGULO   PARALELOGRAMO   QUADRADO

80

4. AJUDE ROBERTA A CHEGAR ATÉ A LIXEIRA. COMPLETE A TRILHA COM OS NÚMEROS QUE FALTAM.

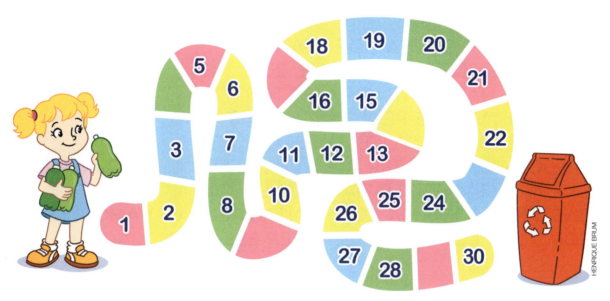

5. OBSERVE AS CENAS E MARQUE COM UM **X** A RESPOSTA CORRETA.

A)

☐ ISSO ACONTECERÁ COM CERTEZA.

☐ ISSO TALVEZ ACONTEÇA.

☐ É IMPOSSÍVEL ACONTECER ISSO.

B)

☐ ISSO ACONTECERÁ COM CERTEZA.

☐ ISSO TALVEZ ACONTEÇA.

☐ É IMPOSSÍVEL ACONTECER ISSO.

81

PERISCÓPIO

📕 PARA LER

GRANDE OU PEQUENA?, DE BEATRIZ MEIRELLES. EDITORA SCIPIONE, 2011. QUEM JÁ NÃO OUVIU OS ADULTOS DIZEREM: "VOCÊ É PEQUENO DEMAIS PARA FAZER ISSO!" OU "VOCÊ JÁ ESTÁ MUITO CRESCIDA PARA FAZER AQUILO!"? ESSE É O PROBLEMA DE MARIANA, QUE FICA BASTANTE CONFUSA COM TANTAS REGRAS! VAMOS VER COMO ELA CONSEGUE RESOLVER ESSA SITUAÇÃO?

🔊 PARA OUVIR

ERA UMA VEZ UM GIGANTE, DO GRUPO TIQUEQUÊ. GRAVADORA TIQUEQUÊ, 2013. VÁRIOS ARTISTAS FAZEM PARTICIPAÇÃO ESPECIAL NESSE CD, ALÉM DE UM GRUPO DE CRIANÇAS. DESTAQUE PARA A MÚSICA "ERA UMA VEZ UM GIGANTE", FAIXA ESPECIAL MULTIMÍDIA.

UNIDADE 5 — NA FILA

QUEM SÃO ELES?

DICAS

LUÍS NÃO É O PRIMEIRO NEM O ÚLTIMO DA FILA.
ELE NÃO ESTÁ DE BONÉ.
VIVE COM UMA BOLA NA MÃO.
ANA USA ÓCULOS E ESTÁ COM O PAI DELA.
ELA NÃO USA LAÇO NA CABEÇA.

1. CONTORNE LUÍS COM LÁPIS **VERDE**.

2. FAÇA UM **X** EM ANA.

EXPLORANDO O CUBO

1. OBSERVE A OBRA DE ARTE A SEGUIR.

NILDA RAW. *CUBOS*, 2015. TÊMPERA EM GUACHE SOBRE TELA, 30 CM × 40 CM × 1,5 CM.

TROQUE IDEIAS COM OS COLEGAS E O PROFESSOR E RESPONDA:

- QUAIS CORES APARECEM NA IMAGEM?

_____

ESSA OBRA É INSPIRADA EM UMA FIGURA GEOMÉTRICA CHAMADA **CUBO**.

- VOCÊ CONHECE ALGUM OBJETO QUE LEMBRE A FORMA DESSA FIGURA?

_____

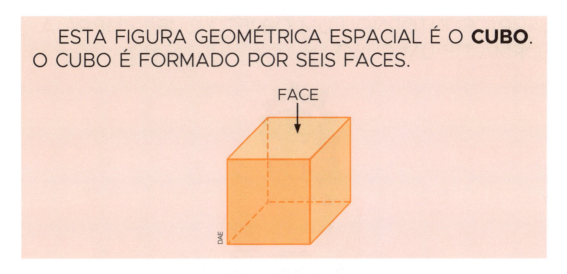

ESTA FIGURA GEOMÉTRICA ESPACIAL É O **CUBO**. O CUBO É FORMADO POR SEIS FACES.

FACE

2. RECORTE DA PÁGINA 195, DO **MATERIAL COMPLEMENTAR**, SOMENTE AS FIGURAS QUE LEMBRAM O CUBO. EM SEGUIDA, COLE-AS NO ESPAÇO ABAIXO.

3. LAURA CONTORNOU UM OBJETO QUE LEMBRA A FORMA DE UM CUBO.

- OBSERVE AS FACES QUE LAURA CONTORNOU. ELAS SÃO DO MESMO TAMANHO E TÊM O MESMO FORMATO?

_____

- SE LAURA CONTORNASSE MAIS FACES, APARECERIA ALGUMA FORMA DIFERENTE? POR QUÊ?

_____

4. PINTE DE 🟥 UMA DAS FACES DO CUBO AO LADO.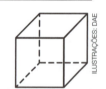

- QUAL FIGURA PLANA APARECE NO CUBO? PINTE-A.

RETÂNGULO   QUADRADO   TRIÂNGULO

UM CUBO TEM TODAS AS FACES QUADRADAS.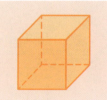

86

5. LIGUE CADA OBJETO À FIGURA GEOMÉTRICA ESPACIAL QUE CORRESPONDE AO FORMATO DELE.

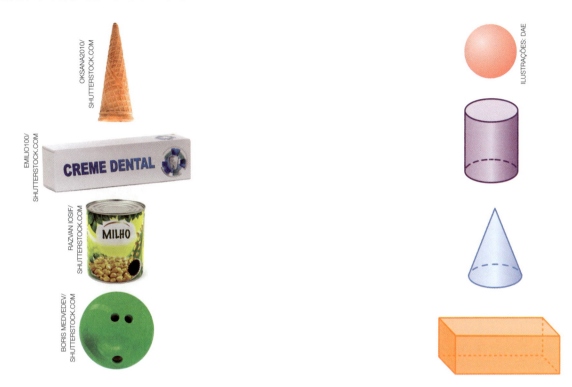

6. ESCREVA O NOME DE CADA FIGURA GEOMÉTRICA ESPACIAL.

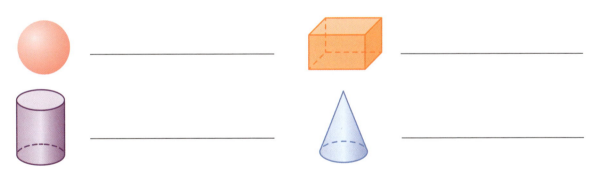

7. ESCOLHA UMA DAS FIGURAS GEOMÉTRICAS ESPACIAIS ABAIXO E COMPARE-A COM O CUBO.

- O QUE VOCÊ NOTA DE PARECIDO ENTRE A FIGURA E O CUBO? E DE DIFERENTE?

87

8. OBSERVE A CONSTRUÇÃO ABAIXO.

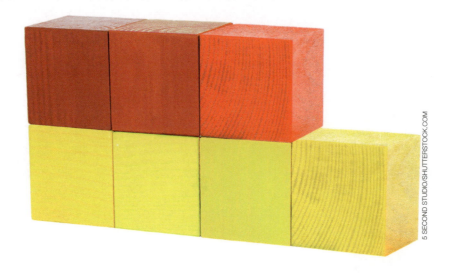

- QUANTOS CUBOS AMARELOS HÁ NESSA CONSTRUÇÃO? _____

- E CUBOS VERMELHOS? _____

9. AGORA VEJA ESTA OUTRA CONSTRUÇÃO.

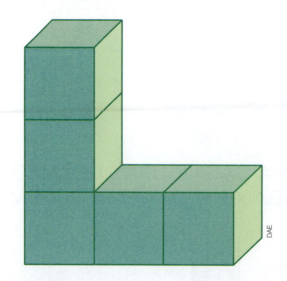

- QUANTOS CUBOS FORAM USADOS NELA? _____

10. RECORTE OS MOLDES DAS PÁGINAS 197 E 199, DO **MATERIAL COMPLEMENTAR**, E MONTE OS CUBOS.

DEPOIS, EM GRUPO, FORME AS PILHAS A SEGUIR.

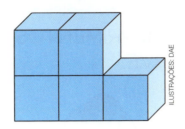

- QUANTOS CUBOS FORAM USADOS NESSA PILHA? ____

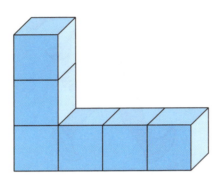

- E NESSA PILHA? _____

11. OBSERVE AGORA OUTRA CONSTRUÇÃO.

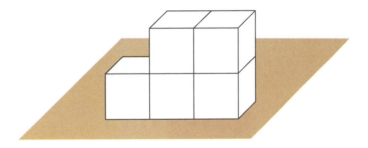

- PINTE DE 🔴 OS CUBOS QUE ESTÃO APOIADOS NO CHÃO.
- PINTE DE 🔵 OS OUTROS CUBOS.
- QUANTOS CUBOS FORAM USADOS NESSA CONSTRUÇÃO? _____

12. QUE TAL USAR A IMAGINAÇÃO E FORMAR OUTRAS CONSTRUÇÕES COM OS CUBOS QUE VOCÊ MONTOU? MÃOS À OBRA!

89

MEDIDAS NÃO PADRONIZADAS

PODEMOS MEDIR COMPRIMENTOS USANDO PARTES DO NOSSO CORPO. OBSERVE:

AS IMAGENS NÃO ESTÃO REPRESENTADAS EM PROPORÇÃO.

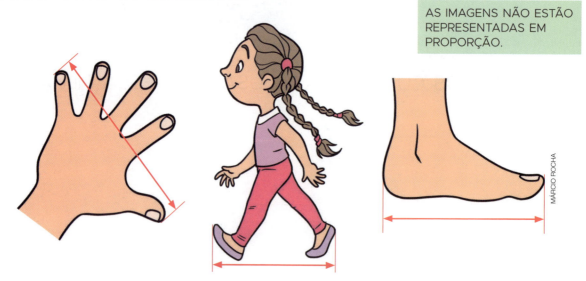

1. AGORA VOCÊ VAI USAR SEU PALMO PARA MEDIR OBJETOS.

   • PRIMEIRO, FAÇA UMA ESTIMATIVA DO NÚMERO DE PALMOS QUE, NA SUA OPINIÃO, SERÁ NECESSÁRIO PARA MEDIR CADA OBJETO A SEGUIR. DEPOIS, REGISTRE OS VALORES NO QUADRO.

OBJETO	ESTIMATIVA (EM PALMOS)	MEDIDA (EM PALMOS)
LARGURA DE SUA CARTEIRA		
COMPRIMENTO DA LOUSA DA SALA DE AULA		

   • DEPOIS MEÇA OS OBJETOS COM SEU PALMO. REGISTRE AS MEDIDAS NO QUADRO E CONFIRA SE SUAS ESTIMATIVAS FORAM BOAS.

2. IMAGINE QUE VOCÊ QUER MEDIR O COMPRIMENTO DE SUA SALA DE AULA.

- QUAL DESTAS UNIDADES DE MEDIDA VOCÊ ESCOLHERIA? MARQUE-A COM UM **X**.

AS IMAGENS NÃO ESTÃO REPRESENTADAS EM PROPORÇÃO.

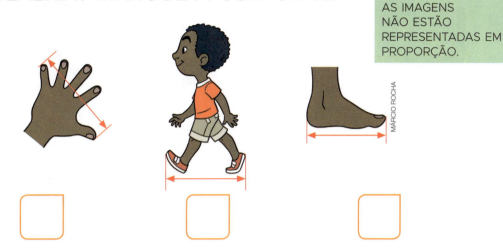

- AGORA, PENSANDO NA UNIDADE DE MEDIDA QUE VOCÊ ESCOLHEU, ESTIME A MEDIDA DO COMPRIMENTO DE SUA SALA DE AULA.

_____

- EM SEGUIDA, MEÇA O COMPRIMENTO DA SALA COM A UNIDADE DE MEDIDA QUE VOCÊ ESCOLHEU E REGISTRE O RESULTADO.

_____

3. COMPARE AS MEDIDAS QUE VOCÊ OBTEVE NA ATIVIDADE 2 COM AS MEDIDAS ENCONTRADAS POR SEUS COLEGAS.

- TODOS OBTIVERAM O MESMO RESULTADO?
- POR QUE ISSO ACONTECEU?
- POR QUE É MELHOR UTILIZAR O PALMO PARA MEDIR A LOUSA E A CARTEIRA? E POR QUE É MELHOR USAR O PASSO PARA MEDIR O COMPRIMENTO DA SALA DE AULA?

91

4. CONTORNE A IMAGEM QUE REPRESENTA A FORMA MAIS ADEQUADA PARA MEDIR CADA UM DOS OBJETOS.

AS IMAGENS NÃO ESTÃO REPRESENTADAS EM PROPORÇÃO.

NÚMEROS ATÉ 40

1. COMPLETE O QUADRO NUMÉRICO A SEGUIR COM OS NÚMEROS QUE FALTAM.

1	2	3	4	5	6	7	8	9	10
11	12	13	14	15	16	17	18	19	20
21	22	23	24	25	26	27	28	29	30
									40

- O QUE OS NÚMEROS QUE VOCÊ COMPLETOU TÊM DE PARECIDO?

2. NO QUADRO DA ATIVIDADE 1, PINTE:

- DE 🍁 O NÚMERO QUE REPRESENTA A QUANTIDADE DE ALUNOS QUE HÁ NA SUA TURMA;

- DE 🍁 O NÚMERO QUE REPRESENTA A QUANTIDADE DE MENINOS QUE HÁ NA SUA TURMA;

- DE 🍁 O MAIOR NÚMERO DO QUADRO;

- DE 🍁 O MENOR NÚMERO DO QUADRO.

3. CONVERSE COM OS COLEGAS E O PROFESSOR A RESPEITO DO QUE MUDOU NO QUADRO DO 40 EM RELAÇÃO AO QUADRO DO 30.

4. OBSERVE ESTE QUADRO NUMÉRICO.

1	2	3	🌈	5	6	7	8	9	🏠
11	12	13	14	15	16	🐝	18	19	20
⚡	22	23	24	25	26	27	28	29	30
31	☕	33	34	35	🚀	37	38	39	40

- SEM CONSULTAR O QUADRO DA PÁGINA ANTERIOR, ESCREVA QUAIS SÃO OS NÚMEROS ESCONDIDOS PELOS SÍMBOLOS.

5. SENTE-SE COM UM COLEGA, ESCOLHAM UM DOS NÚMEROS QUE ESTAVA ESCONDIDO PELO DESENHO NO QUADRO E ELABOREM UMA DICA QUE AJUDE A DESCOBRIR QUE NÚMERO É ESSE.

_____
_____
_____
_____

6. ALGUMAS CONSTRUÇÕES DESTA RUA ESTÃO NUMERADAS, OUTRAS NÃO. ESCREVA OS NÚMEROS QUE FALTAM NELAS.

- QUAIS ALGARISMOS VOCÊ USOU PARA REPRESENTAR O NÚMERO DA ? _____

- QUAL ALGARISMO APARECE EM TODAS AS CASAS?

_____

- COMO VOCÊ ESCOLHEU OS ALGARISMOS QUE REPRESENTAM O NÚMERO DA ?

JOGO

QUAL É MAIOR?

PARTICIPANTES:
VOCÊ E UM COLEGA DA TURMA.

MATERIAL:
- FICHAS, DA PÁGINA 201, DO **MATERIAL COMPLEMENTAR**.

REGRAS:

1. JUNTE-SE A UM COLEGA. CADA UM RECORTARÁ AS FICHAS DO PRÓPRIO LIVRO.
2. ESPALHEM AS FICHAS SOBRE A MESA, TODAS VIRADAS PARA BAIXO.
3. CADA UM DE VOCÊS DEVE VIRAR, AO MESMO TEMPO, UMA FICHA POR VEZ.
4. QUEM TIRAR O MAIOR NÚMERO, FICA COM A PRÓPRIA FICHA E A DO COLEGA. SE OS DOIS VIRAREM A MESMA FICHA, ELAS FICARÃO ACUMULADAS PARA A PRÓXIMA RODADA.
5. VENCE O JOGO QUEM TIVER MAIS FICHAS QUANDO TODAS JÁ TIVEREM SIDO VIRADAS.

7. A TURMA DO 1º ANO JOGOU UMA PARTIDA DE **QUAL É MAIOR?**. VEJA O RESULTADO DE ALGUMAS DUPLAS.

- CONTORNE A CARTA DO JOGADOR DE CADA DUPLA QUE GANHOU ESSA RODADA.
- COMO VOCÊ FEZ PARA DESCOBRIR QUAL ERA A CARTA COM MAIOR NÚMERO?
- QUE DICA VOCÊ DARIA A UM COLEGA QUE AINDA NÃO CONSEGUIU DESCOBRIR A CARTA COM O MAIOR NÚMERO?

8. USANDO O QUE VOCÊ APRENDEU COM O JOGO **QUAL É MAIOR?**, CONTORNE NAS RETAS NUMÉRICAS O MAIOR NÚMERO EM CADA UM DOS PARES QUE ESTÃO SENDO COMPARADOS.

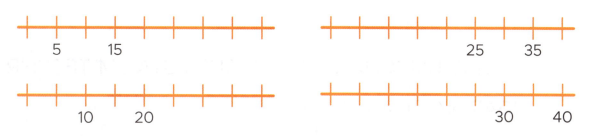

NÚMEROS ORDINAIS

1. PEDRO, VÍTOR E GABRIEL PARTICIPARAM DE UMA COMPETIÇÃO DE NATAÇÃO. ELES ESTÃO NO PÓDIO PARA RECEBER A PREMIAÇÃO.

- GABRIEL FICOU EM SEGUNDO LUGAR. PINTE A ROUPA DELE DE 🔴.
- VÍTOR FICOU EM TERCEIRO LUGAR. PINTE A ROUPA DELE DE 🔵.

2. PARA QUE TODAS AS CRIANÇAS POSSAM BRINCAR, ELAS ORGANIZARAM UMA FILA POR ORDEM DE CHEGADA.

- CONTORNE A CRIANÇA QUE ESTÁ EM PRIMEIRO LUGAR PARA BRINCAR NO 🛝.
- MARQUE UM **X** NA CRIANÇA QUE ESTÁ EM TERCEIRO LUGAR NA FILA DO 🛝.

PODEMOS REPRESENTAR ORDEM, POSIÇÃO OU LUGAR COM OS NÚMEROS. VEJA:

PRIMEIRO – 1º   QUINTO – 5º   NONO – 9º
SEGUNDO – 2º   SEXTO – 6º   DÉCIMO – 10º
TERCEIRO – 3º   SÉTIMO – 7º
QUARTO – 4º   OITAVO – 8º

3. AS CRIANÇAS QUEREM SE ORGANIZAR EM FILA, POR ORDEM DE ALTURA, DA MAIS BAIXA PARA A MAIS ALTA.

PINTE:

- DE 🔵 A CAMISETA DE QUEM FICARÁ NO PRIMEIRO LUGAR DA FILA;

- DE 🔴 A CALÇA DE QUEM FICARÁ EM ÚLTIMO LUGAR;

- DE 🟢 A CALÇA DA CRIANÇA QUE ESTÁ EM 4º LUGAR;

- DE 🟠 A CAMISETA DE QUEM FICARÁ LOGO ATRÁS DA PRIMEIRA CRIANÇA DA FILA.

4. JUNTE-SE AOS COLEGAS E ORGANIZEM-SE EM FILA, POR ORDEM DE ALTURA, DO MAIS ALTO PARA O MAIS BAIXO.

- QUEM É O PRIMEIRO DA FILA?
- E O QUARTO, QUEM É?
- QUEM ESTÁ LOGO ATRÁS DO QUINTO DA FILA?

COLEÇÃO DE PROBLEMAS

1. QUAL É O CACHORRO DE JOAQUIM? SIGA AS DICAS PARA DESCOBRIR E MARQUE A RESPOSTA COM UM **X**.
   - SEU PELO NÃO TEM DUAS CORES.
   - ELE USA COLEIRA.
   - SUA BOCA ESTÁ ABERTA.

AS IMAGENS NÃO ESTÃO REPRESENTADAS EM PROPORÇÃO.

2. MÔNICA ADORA PEIXES. ELA TEM UM AQUÁRIO COM 5 PEIXINHOS, E SUA MÃE LHE TROUXE DE PRESENTE MAIS 4. QUANTOS PEIXES FICARAM NO AQUÁRIO DE MÔNICA?

3. O SENHOR CARLOS TEM UM RESTAURANTE E ESTÁ ORGANIZANDO O SALÃO. ELE JÁ DISTRIBUIU AS MESAS E QUER COLOCAR 4 CADEIRAS EM VOLTA DE CADA MESA. DE QUANTAS CADEIRAS ELE PRECISARÁ?

RETOMADA

1. QUAL OBJETO LEMBRA UM CUBO? CONTORNE-O.

2. OBSERVE O QUADRO NUMÉRICO AO LADO. COMPLETE AS PARTES RETIRADAS DELE COM OS NÚMEROS QUE FALTAM.

1	2	3	4	5	6	7	8	9	10
11	12	13	14	15	16	17	18	19	20
21	22	23	24	25	26	27	28	29	30
31	32	33	34	35	36	37	38	39	40

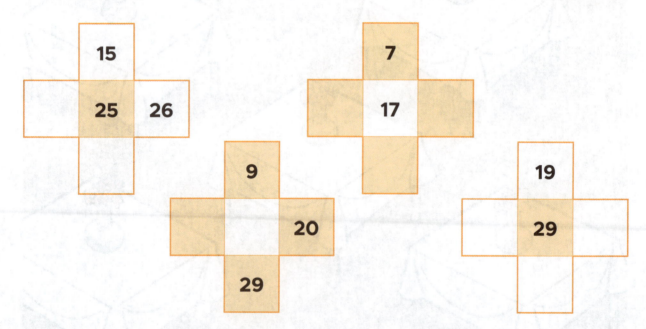

3. ESCREVA OS NÚMEROS QUE O PROFESSOR VAI DITAR.

• _____   • _____   • _____   • _____

• _____   • _____   • _____   • _____

102

4. VEJA AS FICHAS DO JOGO **QUAL É A MAIOR CARTA?** E CONTORNE, EM CADA RODADA, A FICHA VENCEDORA.

1ª RODADA	2ª RODADA	3ª RODADA	4ª RODADA
15	20	13	9
19	18	8	11

5. LIGUE CADA OBJETO À UNIDADE ADEQUADA PARA MEDI-LO:

AS IMAGENS NÃO ESTÃO REPRESENTADAS EM PROPORÇÃO.

PERISCÓPIO

📖 PARA LER

QUEM FAZ OS DIAS DA SEMANA?, DE LÚCIA PIMENTEL GÓES. SÃO PAULO: LAROUSSE JUNIOR, 2005.
COMO SERÁ QUE OUTROS POVOS VIVEM A SEMANA? DE FORMA POÉTICA E DIVERTIDA, ESSE LIVRO AJUDA A CONHECER COSTUMES DIFERENTES.

A GIRAFA E O MEDE-PALMO, DE LÚCIA PIMENTEL GÓES. SÃO PAULO: ÁTICA, 1996.
NESSA HISTÓRIA VOCÊ VAI SE DIVERTIR COM A DISTRAÍDA GIRAFA BENEDITA, QUE SE VÊ EM APUROS, POR CAUSA DE SEU LONGO PESCOÇO, DURANTE UM PASSEIO NA FLORESTA.

UNIDADE 6
DIA A DIA

1. OBSERVE A CENA:

- QUEM VOCÊ ACHA QUE É O ANIVERSARIANTE? JUSTIFIQUE SUA RESPOSTA.
- QUANTAS CRIANÇAS APARECEM NA CENA?
- ESCREVA ACIMA DO BOLO O NÚMERO QUE REPRESENTA A IDADE DO ANIVERSARIANTE.
- QUANTAS CAIXAS DE PRESENTE APARECEM NA CENA?

◆ MEDINDO COMPRIMENTO

JÁ MEDIMOS COM OS PÉS, PASSOS E MÃOS (PALMOS). VIMOS QUE DESSA MANEIRA OBTEMOS RESULTADOS DIFERENTES POR CAUSA DO TAMANHO DA MÃO, DO PÉ OU DO PASSO. PARA QUE ISSO NÃO ACONTEÇA NOVAMENTE, VAMOS MEDIR USANDO UM OBJETO.

1. EM GRUPOS, MEÇAM A LARGURA DA CARTEIRA. VOCÊS PODERÃO USAR CANUDINHOS, PALITOS DE SORVETE OU PALITOS DE CHURRASCO. O IMPORTANTE É QUE TODOS DO SEU GRUPO USEM O MESMO OBJETO PARA MEDIR.

   - QUAL OBJETO VOCÊS USARAM? MARQUE-O COM **X**.

AS IMAGENS NÃO ESTÃO REPRESENTADAS EM PROPORÇÃO.

   - QUANTAS UNIDADES DO OBJETO ESCOLHIDO VOCÊS USARAM?

   - TODOS OS GRUPOS OBTIVERAM A MESMA MEDIDA? POR QUE VOCÊ ACHA QUE ISSO ACONTECEU?

2. AGORA MEÇAM O COMPRIMENTO DA LOUSA DA SALA DE AULA.

106

- CONTORNE O OBJETO QUE VOCÊS ESCOLHERAM COMO UNIDADE DE MEDIDA.

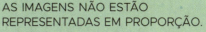

AS IMAGENS NÃO ESTÃO REPRESENTADAS EM PROPORÇÃO.

- QUANTAS UNIDADES DO OBJETO ESCOLHIDO VOCÊS USARAM?

_____

- TODOS OS GRUPOS OBTIVERAM A MESMA MEDIDA? POR QUE VOCÊ ACHA QUE ISSO ACONTECEU?

3. FAÇA UM DESENHO QUE MOSTRE COMO VOCÊ REALIZOU AS MEDIDAS DAS ATIVIDADES **1** E **2**.

107

OS MESES DO ANO

1. COM A AJUDA DO PROFESSOR, COMPLETE O CALENDÁRIO DO MÊS EM QUE ESTAMOS.

MÊS: _____

DOMINGO	SEGUNDA-FEIRA	TERÇA-FEIRA	QUARTA-FEIRA	QUINTA-FEIRA	SEXTA-FEIRA	SÁBADO

- QUANTOS DIAS ESTE MÊS TEM? _____
- PINTE DE 🍂 O DIA DE HOJE.
- ESCREVA, COM A AJUDA DO PROFESSOR, A DATA COMPLETA DO DIA DE HOJE.

_____

- ESTE MÊS COMEÇOU EM QUAL DIA DA SEMANA?

_____

- QUANTOS DIAS HÁ EM UMA SEMANA? _____

ATÉ AGORA VIMOS O CALENDÁRIO DE UM MÊS. ABAIXO TEMOS O CALENDÁRIO DO ANO DE 2018.

2. CONTORNE O NOME DOS MESES DO ANO.

- QUAL É O MÊS DE SEU ANIVERSÁRIO?

_____

- ENCONTRE NO CALENDÁRIO ACIMA O DIA DE SEU ANIVERSÁRIO. ESCREVA, COM A AJUDA DO PROFESSOR, A DATA COMPLETA, COLOCANDO DIA, MÊS E ANO.

_____

109

3. VAMOS DESCOBRIR QUAL É O MÊS COM MAIS ANIVERSARIANTES ENTRE OS COLEGAS DA SALA DE AULA? COM A ORIENTAÇÃO DO PROFESSOR, DESCUBRA QUAIS ALUNOS FAZEM ANIVERSÁRIO EM CADA MÊS E DEPOIS PREENCHA O QUADRO COM AS RESPOSTAS.

MÊS DO ANO	QUANTIDADE DE ALUNOS	MÊS DO ANO	QUANTIDADE DE ALUNOS
JANEIRO		JULHO	
FEVEREIRO		AGOSTO	
MARÇO		SETEMBRO	
ABRIL		OUTUBRO	
MAIO		NOVEMBRO	
JUNHO		DEZEMBRO	

4. PINTE UM QUADRINHO PARA CADA ALUNO QUE FAZ ANIVERSÁRIO NO MÊS INDICADO ABAIXO.

FONTE: DADOS OBTIDOS COM BASE NOS ANIVERSÁRIOS DA TURMA.

NÚMEROS ATÉ 50

1. OBSERVE O QUADRO ABAIXO.

1	2	3	4	5	6	7	8	9	10
11	12	13	14	15	16	17	18	19	20
21	22	23	24	25	26	27	28	29	30
31	32	33	34	35	36	37	38	39	40
41	42	43	44	45	46	47	48	49	50

• COPIE OS NÚMEROS QUE ESTÃO ENTRE 40 E 50.

_____

2. PINTE DE 🍁 O MAIOR NÚMERO DO QUADRO.

• VOCÊ SABE COMO ELE SE CHAMA? MARQUE O NOME DELE COM UM **X**.

☐ CINQUENTA.

☐ QUARENTA.

☐ SESSENTA.

3. PINTE DE 🍁 O NÚMERO QUE ESTÁ ENTRE 46 E 48.

111

4. SEM CONSULTAR O QUADRO DE NÚMEROS ATÉ 50, COMPLETE OS QUADRINHOS AO LADO COM OS NÚMEROS QUE FALTAM.

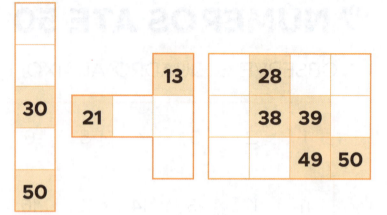

5. COMPLETE O QUADRO COM O NÚMERO QUE VEM ANTES E O QUE VEM DEPOIS DOS NÚMEROS INDICADOS.

O QUE VEM ANTES	NÚMERO	O QUE VEM DEPOIS
	2	
	10	
	15	
	19	

6. COMPLETE O QUADRO COM OS NÚMEROS QUE FALTAM.

1	2	3	4	5	6	7	8	9	10
11									20
21	22	23	24	25					
		33	34	35					
41	42	43	44	45	46	47	48	49	50

PEDRO FAZ COLEÇÃO DE BOLAS DE GUDE.

- ESTIME QUANTAS BOLAS DE GUDE HÁ EM CADA SAQUINHO.

_____

- CONTE QUANTAS BOLAS ESTÃO NOS DOIS SAQUINHOS. _____
- COMO FOI SUA ESTIMATIVA? CONTORNE A FIGURA PARA INDICAR.

113

VAMOS CONTAR?

1. COMPLETE O TANGOLOMANGO.

NUMA TOCA TINHA 10 COELHOS.
UM FOI PULAR ENQUANTO CHOVE,
DEU UM TANGOLOMANGO NELE
E DOS 10 FICARAM 9.

E DOS 9 QUE FICARAM
UM SAIU PULANDO AFOITO
DEU UM TANGOLOMANGO NELE

E DOS 9 RESTAM _____.

DESSES 8 COELHINHOS
UM FOI APRENDER TROMPETE
DEU UM TANGOLOMANGO NELE

E DOS 8 FICARAM _____.

E DOS 7 QUE RESTARAM
UM FOI APRENDER CHINÊS
DEU UM TANGOLOMANGO NELE

E DOS 7 FICARAM _____.

E DOS 6 IRMÃOS RESTANTES
UM VIROU ORNITORRINCO
DEU UM TANGOLOMANGO NELE

E DOS 6 FICARAM _____.

E DOS 5 COELHINHOS
UM SAIU E FOI AO TEATRO,
DEU UM TANGOLOMANGO NELE

E DOS 5 SÓ RESTAM _____.

DESSES 4, MEU BEM, QUE FICARAM,
UM VIAJOU POR 1 MÊS
DEU UM TANGOLOMANGO NELE

E DOS 4 RESTAM _____.

DESSES 3 IRMÃOS COELHOS
UM COMEU FEIJÃO COM ARROZ
DEU UM TANGOLOMANGO NELE

E DOS 3 FICARAM _____.

DESSA DUPLA DE COELHOS
UM DEU PULO E SOLTOU PUM
DEU UM TANGOLOMANGO NELE

E DOS 2 SÓ RESTA _____.

E O COELHO SOLITÁRIO
FOI NAMORAR UMA FOCA
NO DIA DO CASAMENTO
TODOS VOLTARAM PARA A TOCA.

MARIANE BIGIO.

115

JOGO DOS RISQUINHOS

PARTICIPANTES:

GRUPOS DE 2 A 5 ALUNOS.

MATERIAL:

- 2 DADOS;
- 1 LÁPIS POR PARTICIPANTE.

REGRAS:

1. CADA JOGADOR USARÁ O TABULEIRO REPRODUZIDO A SEGUIR.

2. O GRUPO DECIDE QUEM COMEÇARÁ O JOGO.

- CADA JOGADOR, NA SUA VEZ, LANÇARÁ OS DOIS DADOS JUNTOS E DESENHARÁ NO TABULEIRO ACIMA A QUANTIDADE DE RISQUINHOS QUE CORRESPONDE À SOMA DOS PONTOS QUE SAÍRAM NOS DADOS.
- GANHA O JOGO QUEM TIVER MAIS RISQUINHOS – OU SEJA, MAIS PONTOS – DESENHADOS EM SEU TABULEIRO.

2. ARTUR E LUCAS ESTÃO JOGANDO UMA PARTIDA DO **JOGO DOS RISQUINHOS**.

ESTE É ARTUR.   ESTE É LUCAS.

1ª JOGADA DO ARTHUR   **1ª JOGADA DO LUCAS**

- FAÇA O DESENHO DE COMO FICOU O TABULEIRO DELE.

- FAÇA O DESENHO DE COMO FICOU O TABULEIRO DELE.

- QUANTOS PONTOS ELE FEZ NESSA JOGADA? _____

- QUANTOS PONTOS ELE FEZ NESSA JOGADA? _____

117

2ª JOGADA DO ARTUR

- FAÇA O DESENHO DE COMO FICOU O TABULEIRO DELE.

- QUANTOS PONTOS ELE FEZ NESSA JOGADA? _____

2ª JOGADA DO LUCAS

- FAÇA O DESENHO DE COMO FICOU O TABULEIRO DELE.

- QUANTOS PONTOS ELE FEZ NESSA JOGADA? _____

3ª JOGADA

- FAÇA O DESENHO DE COMO FICOU O TABULEIRO DELE.

- QUANTOS PONTOS ELE FEZ NESSA JOGADA? _____

3ª JOGADA

- FAÇA O DESENHO DE COMO FICOU O TABULEIRO DELE.

- QUANTOS PONTOS ELE FEZ NESSA JOGADA? _____

- AGORA DESCUBRA QUEM GANHOU O JOGO. CONTORNE A IMAGEM DO VENCEDOR NA PÁGINA 119.

DICA

DESENHE COMO FICARAM OS TABULEIROS DEPOIS DE TODAS AS JOGADAS.

ILUSTRAÇÕES: CARLOS JORGE

NO **JOGO DOS RISQUINHOS** VOCÊ PRECISA LANÇAR DOIS DADOS E VER QUANTOS PONTOS FEZ. PARA ISSO, DEVE JUNTAR A QUANTIDADE DE PONTOS QUE SAIU NO PRIMEIRO DADO COM A QUANTIDADE DE PONTOS QUE SAIU NO SEGUNDO DADO.

ISSO QUER DIZER QUE SE VOCÊ TIROU, É SÓ JUNTAR 2 MAIS 4, QUE É IGUAL A 6. ENTÃO VOCÊ FEZ 6 PONTOS.

3. DESCUBRA OS PONTOS DE CADA RODADA.

ILUSTRAÇÕES: ART-SONIK/ ISTOCKPHOTO.COM

_____ MAIS _____ É IGUAL A _____

_____ MAIS _____ É IGUAL A _____

_____ MAIS _____ É IGUAL A _____

119

4. LUIZA E HENRIQUE JOGARAM UMA PARTIDA DO **JOGO DOS RISQUINHOS**.

- CONSIDERANDO AS REGRAS DO JOGO, QUEM TEM MAIS CHANCE DE GANHAR: LUIZA OU HENRIQUE? POR QUÊ?
- CADA UM LANÇOU OS DADOS UMA VEZ E NEM LUIZA NEM HENRIQUE CONSEGUIRAM COLOCAR RISQUINHOS NA BANDEJA. ISSO É POSSÍVEL? EXPLIQUE.
- AO JOGAR OS DOIS DADOS, HENRIQUE TEM MUITA CHANCE, POUCA CHANCE OU NENHUMA CHANCE DE OBTER 12 PONTOS?
- QUANDO LUIZA JOGAR OS DOIS DADOS, QUAIS RESULTADOS PODEM APARECER CONSIDERANDO-SE A SOMA DOS NÚMEROS OBTIDOS NOS DOIS DADOS?

5. REGISTRE COMO PREFERIR TODAS AS POSSIBILIDADES QUE LUIZA E HENRIQUE TÊM DE OBTER 5 RISQUINHOS AO LANÇAREM OS DOIS DADOS.

6. REGISTRE COMO PREFERIR TODAS AS POSSIBILIDADES QUE ELES TÊM DE OBTER 11 RISQUINHOS AO LANÇAREM OS DOIS DADOS.

- QUAL NÚMERO É MAIS PROVÁVEL DE SER OBTIDO NO LANÇAMENTO DOS DOIS DADOS: 5 OU 11? EXPLIQUE.

COLEÇÃO DE PROBLEMAS

1. RAFAEL AJUDOU A MÃE DELE A COMPRAR BRINQUEDOS PARA DOAR A UMA INSTITUIÇÃO QUE ABRIGA CRIANÇAS.

- ELES COMPRARAM 6 CARRINHOS E 3 CAMINHÕES. QUANTOS BRINQUEDOS ELES COMPRARAM?

_____

- RAFAEL E SUA MÃE FORAM ATÉ A INSTITUIÇÃO DOAR OS BRINQUEDOS. ELE PASSOU O DIA BRINCANDO DE CORRIDA DE CARRINHOS COM ALGUMAS CRIANÇAS. DURANTE A CORRIDA, 4 CARRINHOS PERDERAM O CONTROLE E SAÍRAM DA PISTA. QUANTOS CARRINHOS TERMINARAM A CORRIDA?

_____

2. CONHEÇA UM PROBLEMA COM RIMA. RESOLVA-O.

> MILENA TEM UMA ROSA, TRÊS VIOLETAS, DOIS JASMINS.
>
> DAS SUAS _____ FLORES, NÃO DÁ NENHUMA PARA MIM.

RETOMADA

AS IMAGENS NÃO ESTÃO REPRESENTADAS EM PROPORÇÃO.

1. USANDO CANUDINHOS, MEÇA:
   - A LARGURA DE SUA MOCHILA ESCOLAR;

     _____ CANUDINHOS

   - A LARGURA DA PORTA DA SUA SALA DE AULA.

     _____ CANUDINHOS

2. CONSULTE UM CALENDÁRIO E ESCREVA:

   - O NOME DO 2º MÊS DO ANO; _____

   - O MÊS DE SEU ANIVERSÁRIO; _____

   - O MÊS EM QUE SÃO COMEMORADAS AS FESTAS JUNINAS. _____

3. OBSERVE PARTE DO QUADRO NUMÉRICO DO 50 E COMPLETE COM OS NÚMEROS QUE FALTAM.

21								29	30

4. ESCREVA OS NÚMEROS QUE VÊM IMEDIATAMENTE DEPOIS DE:

10 ☐   15 ☐   21 ☐

5. ESCREVA OS NÚMEROS QUE VÊM IMEDIATAMENTE ANTES DE:

☐ 10   ☐ 19   ☐ 20   ☐ 50

6. OBSERVE AS FACES DOS DADOS E COMPLETE AS INFORMAÇÕES.

_____ MAIS _____ É IGUAL A _____

_____ MAIS _____ É IGUAL A _____

7. OBSERVE A IMAGEM E LEIA AS FALAS.

UNI, DUNI, TÊ, 3 BRIGADEIROS PRA VOCÊ, 6 SORVETES DE LAMBER.

MEUS _____ DOCES PRA COMER.

• COMPLETE A LACUNA COM O NÚMERO QUE FALTA.

123

PERISCÓPIO

📖 PARA LER

ERAM CINCO, DE ERNST JANDL E NORMAN JUNGE. SÃO PAULO: COSAC NAIF, 2005. CINCO PERSONAGENS NUMA SALA DE ESPERA ENTRAM E SAEM POR UMA PORTA ATÉ RESTAR APENAS O BONECO PINÓQUIO, DE NARIZ QUEBRADO. O MAIS EMPOLGANTE DESSA HISTÓRIA É DESCOBRIR QUE NÃO HÁ MISTÉRIO ALGUM EM IR AO MÉDICO.

DEZ SACIZINHOS, DE TATIANA BELINKY. SÃO PAULO: PAULISTA, 2012. ESCRITO EM VERSOS, ESTE LIVRO CONTA A ENGRAÇADA HISTÓRIA DE DEZ SACIZINHOS QUE VÃO DESAPARECENDO UM A UM DE JEITOS DIFERENTES.

UNIDADE 7 — PESO PESADO

1. DANIEL QUER SABER QUEM É MAIS PESADO: ELE OU JOSÉ, SEU AMIGO.

- COMO VOCÊ ACHA QUE OS AMIGOS RESOLVERAM ESSA QUESTÃO? PARA DESCOBRIR, RECORTE A CENA DA PÁGINA 203 DO **MATERIAL COMPLEMENTAR**, E COLE-A NO TERCEIRO QUADRINHO DA TIRA ACIMA.

- E AGORA? QUEM É MAIS PESADO? MARQUE COM UM **X**.

 ☐ JOSÉ.

 ☐ DANIEL.

125

MEDINDO MASSA

1. RICARDO E HELENA VÃO VIAJAR. ELES QUEREM SABER O QUE CONSEGUEM CARREGAR SEM PREJUDICAR A SAÚDE. VEJA:

- E VOCÊ, O QUE CONSEGUE CARREGAR? CONVERSE COM OS COLEGAS.
- O PROFESSOR VAI ORGANIZAR UMA LISTA DE OBJETOS NA LOUSA. ESCOLHA NA LISTA UM OBJETO DE CADA TIPO E DESENHE-OS.

CONSIGO CARREGAR	NÃO CONSIGO CARREGAR

DEVEMOS CARREGAR NA MOCHILA SOMENTE O MATERIAL ESCOLAR NECESSÁRIO. ASSIM, PREVENIMOS DORES NAS COSTAS, NOS BRAÇOS E OMBROS.

FONTE DE PESQUISA: SOCIEDADE BRASILEIRA DE ORTOPEDIA PEDIÁTRICA. DISPONÍVEL EM: <http://sbop.org.br/noticia/983/noticia>. ACESSO EM: ABR. 2017.

2. VEJA ESTAS IMAGENS.

AS IMAGENS NÃO ESTÃO REPRESENTADAS EM PROPORÇÃO.

- CONTORNE O QUE VOCÊ CONSEGUE CARREGAR.
- MARQUE COM UM **X** O QUE VOCÊ NÃO CONSEGUE CARREGAR.

3. RECORTE AS FIGURAS DA PÁGINA 203 DO **MATERIAL COMPLEMENTAR**. EM SEGUIDA, COLE-AS NO LUGAR CERTO.

- POSSO CARREGAR.

- NÃO POSSO CARREGAR.

CÍRCULO E ESFERA

1. OBSERVE ESTAS IMAGENS.

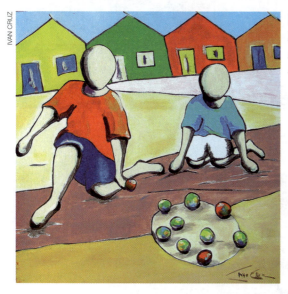

IVAN CRUZ. *BOLA DE GUDE*, 2004. ACRÍLICA SOBRE TELA, 40 CM × 30 CM.

- O QUE VOCÊ PERCEBEU DE PARECIDO ENTRE ESSAS IMAGENS?

- OS OBJETOS QUE APARECEM ACIMA TÊM FORMATO QUE LEMBRA UMA FIGURA GEOMÉTRICA NÃO PLANA. QUE FIGURA É ESSA? MARQUE-A COM UM **X**.

- VOCÊ SABE O NOME DA FIGURA QUE MARCOU?

> A BOLA DE GUDE, A BOLA COLORIDA E A BOLHA DE SABÃO SE ASSEMELHAM A UMA **ESFERA**, QUE É UMA FIGURA GEOMÉTRICA NÃO PLANA.

129

2. VAMOS MODELAR UMA ESFERA COM MASSINHA? EM SEGUIDA, CONVERSE COM OS COLEGAS E CONTE QUE MOVIMENTOS VOCÊ PRECISOU FAZER.

3. OBSERVE ESTA OBRA DE ARTE.

ROBERT DELLAUNAY. *CIRCULAR FORMS*, 1930. ÓLEO SOBRE TELA, 128,9 CM × 149,9 CM.

- DESENHE NO QUADRO A SEGUIR A FORMA QUE MAIS CHAMA SUA ATENÇÃO NA IMAGEM ACIMA.

NA OBRA DE ARTE, PODEMOS OBSERVAR FIGURAS GEOMÉTRICAS PLANAS QUE SE ASSEMELHAM AO **CÍRCULO**.

4. RECORTE AS FIGURAS DA PÁGINA 205 DO **MATERIAL COMPLEMENTAR**. EM SEGUIDA, COMPARE UM DESSES CÍRCULOS COM A ESFERA QUE VOCÊ MODELOU.

- O QUE ELES TÊM DE DIFERENTE?
- E DE PARECIDO?

5. MUITOS ARTISTAS USARAM EM SUAS OBRAS FORMAS QUE LEMBRAM O CÍRCULO. VEJA:

WASSILY KANDINSKY. *CÍRCULOS CONCÊNTRICOS*, 1913. ÓLEO SOBRE TELA, 23,8 CM × 31,4 CM.

- CRIE UMA OBRA INSPIRADA NAS PINTURAS QUE VOCÊ VIU NESTE LIVRO. DEPOIS EXPONHA SEU TRABALHO NA SALA DE AULA.

LOCALIZAÇÃO

1. OBSERVE A IMAGEM A SEGUIR.

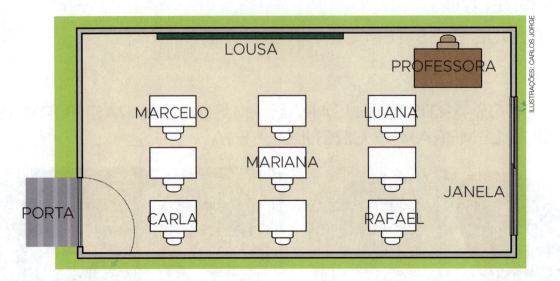

- TIAGO ESTÁ SENTADO NA FRENTE DE MARIANA. CONTORNE A CARTEIRA DE TIAGO.
- BRUNA ESTÁ SENTADA ATRÁS DE LUANA. PINTE DE 🟦 A CARTEIRA DE BRUNA.
- LAURA ESTÁ SENTADA À DIREITA DE CARLA. MARQUE COM UM **X** A CARTEIRA DE LAURA.
- LUÍS ESTÁ SENTADO ATRÁS DE MARCELO. PINTE DE 🟡 A CARTEIRA DE LUÍS.

2. COMO ARRUMAR ESTA PRATELEIRA? SIGA OS COMANDOS E DESENHE:

- UM PIÃO DO LADO ESQUERDO DO CARRINHO;
- UMA BOLA DO LADO DIREITO DA BONECA;
- UM VASO EM CIMA DA PRATELEIRA.

3. VAMOS VER QUEM CONSEGUE CHEGAR AO FUNDO DA SALA DE AULA SEGUINDO OS COMANDOS DO COLEGA? ESCOLHAM JUNTOS UM PONTO DE PARTIDA (A PORTA DA SALA OU A PRIMEIRA CARTEIRA DA PRIMEIRA FILEIRA, POR EXEMPLO) E, USANDO COMANDOS COMO **PARA A FRENTE**, **PARA TRÁS**, **DIREITA** E **ESQUERDA**, GUIEM UM AO OUTRO.

- AGORA RESPONDA: OS COMANDOS RECEBIDOS O AJUDARAM A CHEGAR AO LOCAL ESPERADO?

4. VEJA O CAMINHO QUE BEATRIZ FAZ DE CASA ATÉ A ESCOLA.

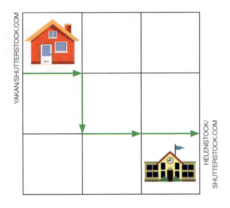

- DESENHE OUTRO TRAJETO QUE BEATRIZ TAMBÉM PODE FAZER PARA CHEGAR À ESCOLA.

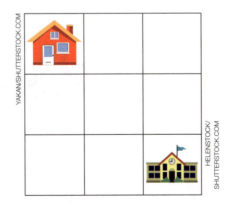

- SERÁ QUE SEUS COLEGAS DESENHARAM O MESMO PERCURSO QUE VOCÊ? TROQUE A ATIVIDADE COM A DE UM COLEGA E VEJA O DESENHO DELE.

NÚMEROS ATÉ 100

1. EM UMA SALA DE AULA DO PRIMEIRO ANO, OS ALUNOS BRINCAM DE **QUEM VAI MAIS LONGE**. VEJA:

- QUE TAL AJUDAR O ALUNO DE BONÉ VERDE? QUE NÚMERO ELE DEVE FALAR?

- COMPLETE OS BALÕES COM OS NÚMEROS QUE OS TRÊS ALUNOS QUE ESTÃO DE COSTAS DEVEM TER FALADO.

2. OBSERVE ESTE QUADRO NUMÉRICO.

1	2	3	4	5	6	7	8	9	10
11	12	13	14	15	16	17	18	19	20
21	22	23	24	25	26	27	28	29	30
31	32	33	34	35	36	37	38	39	40
41	42	43	44	45	46	47	48	49	50
51	52	53	54	55	56	57	58	59	60
61	62	63	64	65	66	67	68	69	70
71	72	73	74	75	76	77	78	79	80
81	82	83	84	85	86	87	88	89	90
91	92	93	94	95	96	97	98	99	100

- O QUE ELE TEM DE DIFERENTE EM RELAÇÃO AOS QUADROS NUMÉRICOS QUE VOCÊ JÁ VIU?
- QUE NÚMERO VEM IMEDIATAMENTE ANTES DE 100? PINTE-O NO QUADRO.
- COPIE OS NÚMEROS DA ÚLTIMA COLUNA.

3. PREENCHA OS PEDAÇOS DO QUADRO A SEGUIR COM OS NÚMEROS QUE FALTAM. NÃO VALE CONSULTAR O QUADRO NUMÉRICO DA PÁGINA ANTERIOR!

1	2	3
11	12	
	22	23

	33		
	43	44	
	53	54	

		69
77		79
87		89
97	98	99	100

	76	77
85		87
95		97

1			4
41			

46			49	
				80

136

4. VAMOS JOGAR **BINGO** USANDO ESTE QUADRO NUMÉRICO ATÉ 100, QUE ESTÁ INCOMPLETO. ESCOLHA E PINTE CINCO QUADRINHOS VAZIOS. SIGA AS ORIENTAÇÕES DO PROFESSOR E BOA SORTE!

1	2	3	4	5	6	7	8	9	10
11									20
21									30
31									40
41									50
51									60
61									70
71									80
81									90
91	92	93	94	95	96	97	98	99	100

- QUAIS NÚMEROS ESTÃO NOS QUADRINHOS QUE VOCÊ PINTOU?

_____

- ALGUM DELES FOI SORTEADO PELO PROFESSOR?

_____

CONTAR E COMPARAR

1. OBSERVE OS PEIXINHOS NOS AQUÁRIOS.

- EM QUAL DOS AQUÁRIOS HÁ MAIS PEIXES? MARQUE-O COM UM **X**.
- QUANTOS PEIXES HÁ:

- NO AQUÁRIO **1**? _____

- NO AQUÁRIO **2**? _____

- NO AQUÁRIO **3**? _____

- DESENHE PEIXES NOS AQUÁRIOS PARA QUE TODOS FIQUEM COM A MESMA QUANTIDADE.
- QUANTOS PEIXES HÁ EM CADA AQUÁRIO AGORA?

_____

- QUANTOS PEIXES HÁ AGORA NOS TRÊS AQUÁRIOS JUNTOS?

_____

138

2. EM UMA PADARIA HÁ PÃES DOCES E PÃES SALGADOS SOBRE O BALCÃO.

- HÁ MAIS PÃES DOCES OU SALGADOS? MARQUE A RESPOSTA COM UM **X**.

- QUANTOS A MAIS? _____
- NO TOTAL, HÁ QUANTOS PÃES SOBRE O BALCÃO?

_____

3. VEJA O BOLO DE ANIVERSÁRIO DE JOAQUIM E O DE LUANA. ELES COMEMORAM ANIVERSÁRIO NO MESMO DIA!

BOLO DE JOAQUIM.

- QUANTOS ANOS JOAQUIM ESTÁ FAZENDO? _____ ANOS

BOLO DE LUANA.

- E LUANA? _____ ANOS
- QUEM É A CRIANÇA MAIS VELHA? CONTORNE-A.

- QUANTOS ANOS TEM A MAIS? _____ ANOS

4. VEJA O PAINEL DE FIGURAS A SEGUIR.

- PINTE, DE BAIXO PARA CIMA, UM QUADRINHO PARA CADA VEZ QUE UMA DAS FIGURAS APARECE NO PAINEL.

- QUE OBJETO APARECE MAIS VEZES? CONTORNE NO PAINEL TODAS AS OCORRÊNCIAS.
- QUE OBJETO APARECE MENOS VEZES? MARQUE COM UM **X** NO PAINEL TODAS AS OCORRÊNCIAS.
- SE JUNTARMOS TODOS OS OBJETOS, QUANTOS SERÃO? _____

JOGO

PALITOS

PARTICIPANTES:

3 OU 4 ALUNOS

REGRAS:

1. EM CADA RODADA, OS JOGADORES COLOCAM AS MÃOS PARA TRÁS. SEM QUE OS OUTROS COLEGAS VEJAM, ELES DEIXAM NA MÃO DIREITA UMA QUANTIDADE DE PALITOS, QUE VARIA DE ZERO A CINCO PALITOS.

2. TODOS OS PARTICIPANTES COLOCAM A MÃO DIREITA PARA A FRENTE (ELA DEVE ESTAR FECHADA) E CADA UM FALA QUANTOS PALITOS ACHA QUE HÁ EM TODAS AS MÃOS JUNTAS.

3. DEPOIS QUE TODOS OS JOGADORES FIZEREM SUAS ESTIMATIVAS, ELES DEVEM ABRIR AS MÃOS E CONFERIR O RESULTADO.

4. MARCA PONTO O JOGADOR QUE ADIVINHAR O TOTAL DE PALITOS OU QUE MAIS SE APROXIMAR DESSE NÚMERO.

5. DEPOIS DE CINCO RODADAS, VENCE O JOGADOR QUE TIVER MARCADO MAIS PONTOS.

1. DEPOIS DE JOGAR COM OS COLEGAS, RESPONDA:
   - QUAL É A QUANTIDADE MÁXIMA DE PALITOS QUE CADA UM PODE TER NA MÃO? _____
   - SE TODOS MOSTRAREM A QUANTIDADE MÁXIMA DE PALITOS EM UMA RODADA, QUANTOS PALITOS HAVERÁ EM UM GRUPO COM TRÊS JOGADORES? _____
   - QUEM FEZ MELHOR ESTIMATIVA EM SEU GRUPO?

2. VEJA A JOGADA DE UM GRUPO DE AMIGOS.

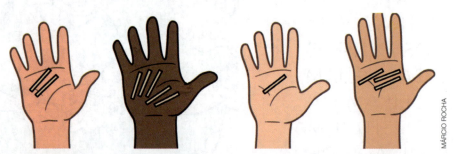

   - QUANTOS PALITOS TODOS PEGARAM JUNTOS? _____
   - DESENHE NA MÃO DE CADA CRIANÇA A QUANTIDADE DE PALITOS NECESSÁRIA PARA QUE TODAS FIQUEM COM 5 PALITOS.

3. FAÇA UM DESENHO PARA REPRESENTAR O JOGO **PALITOS**.

COLEÇÃO DE PROBLEMAS

1. PEDRO ESTÁ PROCURANDO A CASA DE SUA AMIGA LUÍZA.

SIGA AS PISTAS E DESCUBRA QUAL É A CASA DE LUÍZA:

- A CASA TEM DOIS ANDARES;
- NO PISO TÉRREO HÁ APENAS UMA PORTA;
- HÁ UMA ANTENA DE TV NO TELHADO;
- UMA DAS JANELAS TEM CORTINA;
- A CASA NÃO FICA AO LADO DA CASA AMARELA.

AJUDE O PROFESSOR A ELABORAR UMA ADIVINHA PARA A CASA 17.

2. OBSERVE A CENA COM ATENÇÃO.

- QUANTOS LÁPIS CADA CRIANÇA TEM?

  - BRUNA: _____.   - GABRIEL: _____.
- CONTORNE A CRIANÇA QUE TEM MAIS LÁPIS.

- QUANTAS CANETINHAS CADA CRIANÇA TEM?

  - BRUNA: _____.   - GABRIEL: _____.
- MARQUE COM UM **X** A CRIANÇA QUE TEM MAIS CANETINHAS.

- COM A AJUDA DE UM COLEGA, CRIE UMA PERGUNTA COM BASE NA CENA ACIMA.

3. DESENHE OS VASOS DE FLORES QUE FALTAM PARA CADA PRATELEIRA FICAR COM 5 VASOS.

- QUANTOS VASOS VOCÊ PRECISOU DESENHAR NA SEGUNDA PRATELEIRA, DE CIMA PARA BAIXO? _____
- QUANTOS VASOS HÁ EM UMA PRATELEIRA COMPLETA? _____
- E EM DUAS PRATELEIRAS COMPLETAS? _____
- E EM QUATRO PRATELEIRAS COMPLETAS? _____

145

RETOMADA

1. NUMERE DE 1 A 5 OS OBJETOS DO MAIS LEVE PARA O MAIS PESADO.

AS IMAGENS NÃO ESTÃO REPRESENTADAS EM PROPORÇÃO.

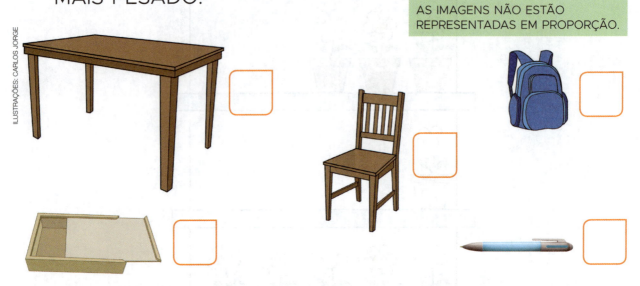

2. COMPLETE O QUADRO A SEGUIR. VOCÊ PODE CONSULTAR O QUADRO NUMÉRICO DA PÁGINA 137.

O QUE VEM IMEDIATAMENTE ANTES?		O QUE VEM IMEDIATAMENTE DEPOIS?
	68	
	71	
	39	
	56	
	83	
	90	

146

3. MARQUE COM UM **X** O OBJETO QUE LEMBRA O CÍRCULO. CONTORNE O OBJETO QUE LEMBRA A ESFERA.

AS IMAGENS NÃO ESTÃO REPRESENTADAS EM PROPORÇÃO.

4. LIGUE OS PONTOS PARA FORMAR O DESENHO.

- QUAL É O MAIOR NÚMERO QUE APARECE NO DESENHO? _____

- ESCREVA OS NÚMEROS MAIORES QUE 61 E MENORES QUE 71 QUE APARECEM NO DESENHO.

_____

147

CONSTRUIR UM MUNDO MELHOR

CAMPANHA DE LIVROS

NA ESCOLA DE ANA, TODOS OS ANOS É REALIZADA UMA CAMPANHA DE LIVROS.

UMA ÁRVORE SIMBÓLICA É MONTADA EM UM LUGAR DE FÁCIL ACESSO A TODOS OS ALUNOS. QUEM QUISER DEIXAR NA ÁRVORE UM LIVRO QUE JÁ LEU, ESCREVE UMA DICA SOBRE A LEITURA E PODE PEGAR OUTRO LIVRO. A IDEIA É AUMENTAR A CORRENTE DE LEITORES NA ESCOLA. NA CAMPANHA DESTE ANO, 20 ALUNOS DEIXARAM UM LIVRO NA ÁRVORE DA ESCOLA.

ANA LEU   .

E PAULO LEU  .

- QUEM LEU MAIS LIVROS? MARQUE COM UM **X**.

ANA

PAULO

- QUANTOS LIVROS A MAIS? _____ LIVROS A MAIS
- E VOCÊ? GOSTA DE LER? CONHECE ALGUÉM QUE GOSTA?

O QUE ACHA DE COMEÇAR UMA CAMPANHA DE LIVROS EM SUA ESCOLA?

REÚNA-SE COM OS COLEGAS PARA MONTAR UMA ÁRVORE DE LIVROS EM UM LUGAR DE FÁCIL ACESSO A TODOS OS ALUNOS.

EM SEGUIDA, FAÇA COMO NA ESCOLA DE ANA: DEIXE NA ÁRVORE UM LIVRO QUE JÁ LEU E RETIRE OUTRO. AJUDE A AUMENTAR A CORRENTE DE LEITORES EM SUA ESCOLA! VAMOS LÁ?

- FAÇA UM DESENHO A SEGUIR QUE MOSTRE COMO DEVE SER A ÁRVORE DE LIVROS DE SUA ESCOLA.

PERISCÓPIO

📕 PARA LER

AI, QUE PESADO!, DE SHIRLEY WILLS. SÃO PAULO: CARAMELO, 2004.
ESSE LIVRO RESPONDE, DE FORMA DIVERTIDA, ÀS PERGUNTAS SOBRE MASSA E AS UNIDADES DE MEDIDA MAIS USADAS.

QUEM VAI FICAR COM O PÊSSEGO?, DE AH-HAE YOON. SÃO PAULO: CALLIS, 2006.
NESSA HISTÓRIA, VÁRIOS ANIMAIS ENCONTRAM UM PÊSSEGO QUE PARECE DELICIOSO. PARA VER QUEM FICA COM ELE, TENTAM PROVAR QUEM É O MAIS INDICADO. ASSIM, COMPARAM ALTURA E "PESO" E, DE QUEBRA, MOSTRAM COMO COLOCAR AS COISAS EM ORDEM CRESCENTE OU DECRESCENTE. QUEM SERÁ QUE FICOU COM O PÊSSEGO NO FINAL?

CAMILÃO, O COMILÃO, DE ANA MARIA MACHADO. 3. ED. SÃO PAULO: SALAMANDRA, 2011.
CAMILÃO É UM LEITÃO QUE ADORA COMER BEM. COMO ERA MEIO PREGUIÇOSO PARA TRABALHAR, IA COMER CADA DIA NA CASA DE UM AMIGO. MAS NINGUÉM SE IMPORTAVA, PORQUE ELE SABIA DIVIDIR COM OS AMIGOS O QUE TINHA.

DETETIVE DE NÚMEROS

ALGUNS INTRUSOS ENTRARAM NESTE QUADRO NUMÉRICO!

1. PINTE DE 🟠 OS QUADRINHOS EM QUE ELES ESTÃO.

1	2	3	4	5	6	7	8	9	🌼
11	12	13	❤️	15	16	17	18	19	20
21	⭐	23	24	25	26	27	🚗	29	30
31	32	33	34	35	36	37	🐞	39	40
41	42	43	🍎	45	46	47	48	49	50

• QUE NÚMERO DEVE FICAR ONDE ESTÁ CADA INTRUSO? ESCREVA A SEGUIR.

MAIS PESADO E MAIS LEVE

1. VOCÊ JÁ APRENDEU A COMPARAR OBJETOS E A CLASSIFICÁ-LOS EM PESADOS E LEVES. AGORA OBSERVE SUA SALA DE AULA.

- QUE OBJETOS SÃO PESADOS? ESCOLHA UM DELES E DESENHE ABAIXO.

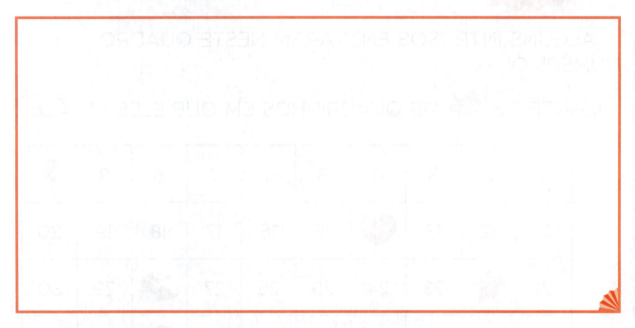

- QUE OBJETOS SÃO LEVES? DESENHE UM DELES ABAIXO.

2. QUAL PEDRA É MAIS PESADA?

- POR QUE UM LADO DA BALANÇA ESTÁ MAIS BAIXO DO QUE O OUTRO?
- O QUE É PRECISO FAZER PARA QUE OS DOIS LADOS FIQUEM NA MESMA ALTURA?
- O QUE ACONTECERÁ SE TROCARMOS AS PEDRAS DE LUGAR?

ESTA É UMA BALANÇA DE DOIS PRATOS. ELA SERVE PARA COMPARAR A MASSA DE DOIS OBJETOS.

QUANDO EM CADA PRATO É COLOCADO UM OBJETO, O PRATO COM O OBJETO MAIS PESADO FICA MAIS BAIXO QUE O PRATO COM O OBJETO MAIS LEVE.

SE OS OBJETOS TÊM MASSAS IGUAIS, A BALANÇA FICA EQUILIBRADA.

153

MEDINDO CAPACIDADE

1. O PAI DE MARINA FEZ SUCO PARA ELA E PARA TRÊS AMIGOS.

- COMO DIVIDIR O SUCO PARA QUE TODOS BEBAM A MESMA QUANTIDADE?
- CONTE AOS COLEGAS E AO PROFESSOR SUA IDEIA.

2. CONTORNE DE 🍁 A JARRA QUE TEM MAIS SUCO.

3. OBSERVE OS OBJETOS QUE O PROFESSOR ENTREGOU PARA SEU GRUPO.

- EXPLORE ESSES OBJETOS. EM QUAL DELES VOCÊ ACHA QUE CABE MAIS ÁGUA? POR QUÊ?
- EM QUAL CABE MENOS ÁGUA? POR QUÊ?
- FAÇA UM DESENHO DESSES OBJETOS, ORGANIZANDO-OS DO MAIOR PARA O MENOR, OU SEJA, DO QUE TEM A MAIOR CAPACIDADE (CABE MAIS LÍQUIDO) PARA O QUE TEM A MENOR CAPACIDADE (CABE MENOS LÍQUIDO).

4. CONTORNE O BALDE EM QUE CABE MAIS ÁGUA.

5. QUE TAL ESTIMAR A CAPACIDADE DE ALGUNS OBJETOS? VAMOS LÁ!

- JUNTE-SE A UM COLEGA E ANALISEM O ESTOJO DE CADA UM DE VOCÊS. EM QUAL DELES VOCÊS ACHAM QUE CABE MAIS MATERIAIS? POR QUÊ? COMO VOCÊS PODEM FAZER PARA DESCOBRIR SE ACERTARAM?

_____

- OBSERVE O POTE QUE O PROFESSOR TROUXE PARA A SALA DE AULA. QUANTOS OBJETOS VOCÊ ACHA QUE HÁ DENTRO DELE? ANOTE A RESPOSTA AQUI.

_____

- CONTE, COM OS COLEGAS E O PROFESSOR, QUANTOS OBJETOS HÁ DENTRO DO POTE E RESPONDA: SUA ESTIMATIVA FOI BOA? CONTORNE O DESENHO PARA RESPONDER.

PROBABILIDADE E ESTATÍSTICA

QUAL É SUA COR PREFERIDA?

1. ESCREVA O NOME DE TRÊS CORES NA PRIMEIRA COLUNA DA TABELA ABAIXO.

COR	QUANTIDADE DE COLEGAS

FONTE: DADOS COLETADOS PELO ALUNO.

- AGORA CONVERSE COM DEZ COLEGAS E PEÇA QUE ESCOLHAM UMA DESSAS TRÊS CORES. COMPLETE A TABELA COM OS RESULTADOS DA SUA PESQUISA.
- PINTE A SEGUIR UM QUADRINHO PARA CADA COR ESCOLHIDA PELOS COLEGAS.

COR PREFERIDA PELOS COLEGAS

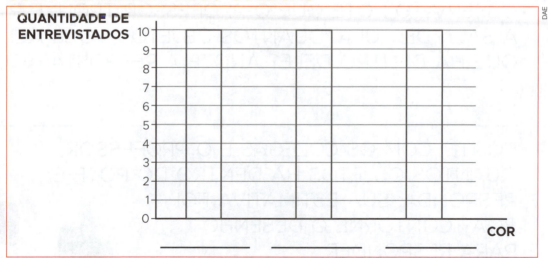

FONTE: DADOS COLETADOS PELO ALUNO.

- OLHANDO PARA A PREFERÊNCIA DE COR DOS SEUS COLEGAS, PODEMOS DIZER QUE:

_____ EM CADA DEZ COLEGAS PREFEREM A COR

_____

_____ EM CADA DEZ COLEGAS PREFEREM A COR

_____

_____ EM CADA DEZ COLEGAS PREFEREM A COR

_____

2. A PROFESSORA DE CAMILA FAZ TODOS OS DIAS UM SORTEIO PARA ESCOLHER OS DOIS AJUDANTES DIÁRIOS DA CLASSE. CADA DUPLA DE ALUNOS SORTEADOS SÓ PODE ENTRAR NOVAMENTE NO SORTEIO DEPOIS QUE TODOS OS COLEGAS TIVEREM PARTICIPADO.

- NA TURMA DE CAMILA HÁ 24 ALUNOS:

14 MENINAS E 10 MENINOS.

- NO PRIMEIRO DIA DO SORTEIO, A CHANCE DE SAIR

MENINA É DE _____ EM 24 ALUNOS, E A CHANCE

DE SAIR MENINO É DE _____ EM 24 ALUNOS.

- NO QUARTO DIA, JÁ TINHAM SIDO SORTEADAS 4 MENINAS E 2 MENINOS. QUANTOS ALUNOS JÁ

FORAM SORTEADOS? _____

- AINDA RESTAM _____ ALUNOS PARA SEREM SORTEADOS.

SISTEMA MONETÁRIO

VEJA AS CÉDULAS E MOEDAS USADAS ATUALMENTE NO BRASIL.

CÉDULAS	MOEDAS

FOTOS: BANCO CENTRAL DO BRASIL

158

1. OBSERVE OS EXEMPLOS E COMPLETE OS QUADROS.

FOTOS: BANCO CENTRAL DO BRASIL

	2 REAIS
	_______ REAIS
	_______ REAIS
	_______ REAIS
	_______ REAIS
	_______ REAIS

	1 CENTAVO
	5 CENTAVOS
	_______ CENTAVOS
	_______ CENTAVOS
	_______ CENTAVOS
	1 REAL

2. O QUE VALE MAIS EM CADA QUADRO? MARQUE SUAS RESPOSTAS COM UM **X**.

3. NESTA LOJA ESTÃO À VENDA BRINQUEDOS DE VÁRIOS PREÇOS. VEJA.

- CONTORNE COM LÁPIS **AMARELO** O PRODUTO MAIS BARATO DE CADA PRATELEIRA.
- COMO VOCÊ FEZ PARA SABER QUAL É O MAIS BARATO?
- CONTORNE COM LÁPIS **VERMELHO** O PRODUTO MAIS CARO DE CADA PRATELEIRA.
- COMO VOCÊ FEZ PARA SABER QUAL É O MAIS CARO?

4. BENÍCIO VENDE CANETAS EM SUA LOJA POR 1 REAL CADA. VEJA QUANTO ELE RECEBEU ONTEM PELA VENDA DE CANETAS.

- BENÍCIO TEM _____ NOTA DE 10 REAIS, _____ NOTA DE 5 REAIS E _____ MOEDAS DE 1 REAL.
- QUANTO BENÍCIO RECEBEU, ONTEM, PELA VENDA DAS CANETAS? _____ REAIS

5. VERIDIANA FOI À QUITANDA COMPRAR FRUTAS. VEJA OS PREÇOS POR UNIDADE.

- VERIDIANA TEM 6 REAIS. O QUE ELA PODE COMPRAR NA QUITANDA GASTANDO TODO ESSE DINHEIRO?
- HÁ ALGUM PRODUTO NA BANCA QUE ELA NÃO CONSEGUE COMPRAR COM O DINHEIRO QUE TEM? QUAL?

161

$ EDUCAÇÃO FINANCEIRA

1. VOCÊ JÁ CONHECE AS CÉDULAS DE NOSSO DINHEIRO, O REAL, QUE USAMOS PARA COMPRAR COISAS E PAGAR CONTAS? FAÇA UM DESENHO DAS CÉDULAS E DAS MOEDAS QUE VOCÊ CONHECE.

2. FAÇA UM DESENHO DE ALGO QUE VOCÊ GOSTARIA DE COMPRAR.

3. PESQUISE O PREÇO DO QUE VOCÊ DESENHOU. ESCREVA O VALOR NO QUADRO AO LADO.

4. DESENHE AS NOTAS QUE VOCÊ PRECISA TER PARA COMPRAR O QUE DESEJA.

5. TROQUE IDEIA COM OS COLEGAS PARA SABER O QUE ELES QUEREM COMPRAR E, JUNTO COM O PROFESSOR, FAÇAM UMA LISTA COM TODOS OS ITENS.

6. É POSSÍVEL E NECESSÁRIO COMPRAR TUDO O QUE QUEREMOS?

7. ASSISTA AO VÍDEO *AS AVENTURAS DE UM MENINO E SUA CAIXA DE PAPELÃO*, DISPONÍVEL EM: <www.youtube.com/watch?v=S7SzabLDS0Q> (ACESSO EM: ABR. 2018).
EM SEGUIDA, CONVERSE COM OS COLEGAS E O PROFESSOR SOBRE ELE.

- VOCÊ ACHA POSSÍVEL SE DIVERTIR SEM BRINQUEDOS COMPRADOS PRONTOS?
- QUAIS BRINCADEIRAS VOCÊ GOSTA DE FAZER SEM USAR BRINQUEDOS?
- O MENINO DO VÍDEO TINHA NECESSIDADE DE COMPRAR ALGO PARA SE DIVERTIR?

8. FAÇA UMA LISTA DE BRINCADEIRAS QUE PODEM SER FEITAS SEM USAR BRINQUEDOS.

_____

_____

_____

9. TRANSFORME UMA CAIXA DE PAPELÃO EM UM BRINQUEDO. TRAGA-O PARA A ESCOLA E DIVIRTA-SE COM OS COLEGAS.

10. ESCREVA UM BILHETE PARA CRIANÇAS DE OUTRAS TURMAS CONTANDO O QUE VOCÊ APRENDEU SOBRE SEUS SONHOS DE CONSUMO E COMO PODE SE DIVERTIR USANDO BRINQUEDOS E BRINCADEIRAS QUE NÃO NECESSARIAMENTE EXIGIRÃO ALGUM GASTO.

CALENDÁRIO

1. COMPLETE O CALENDÁRIO DO MÊS DE OUTUBRO DESTE ANO.

DOMINGO	SEGUNDA-FEIRA	TERÇA-FEIRA	QUARTA-FEIRA	QUINTA-FEIRA	SEXTA-FEIRA	SÁBADO

- QUANTOS DIAS O MÊS DE OUTUBRO TEM? _____

- QUANTOS DOMINGOS ESSE MÊS TEM? _____

- E QUANTOS SÁBADOS? _____

- ALGUÉM NA SUA SALA DE AULA FAZ ANIVERSÁRIO NO MÊS DE OUTUBRO?

  ☐ SIM.   ☐ NÃO.

164

GIRAMUNDO

MESES DO ANO EM VERSOS

JUNTO COM O PROFESSOR, LEIA ESTE POEMA.

SEIS VEZES DOIS DÁ DOZE MESES

[...]

SE JANEIRO É QUEM COMEÇA,
MUITA COISA ELE TRAZ.
A SEGUIR VEM FEVEREIRO,
E VEM MARÇO LOGO ATRÁS!

É ABRIL QUE VEM CHEGANDO,
MAIO VEM LOGO A SEGUIR.
QUANDO JUNHO ACABAR,
O SEMESTRE VAI PARTIR!

JULHO VEM TRAZENDO FÉRIAS,
MAS SE EU NOTO QUE ACABOU,
PASSO LOGO POR AGOSTO
E É SETEMBRO QUE CHEGOU!

OUTUBRO É O MÊS DA CRIANÇA,
E O ANO ESTÁ NO FIM.
VEM NOVEMBRO, VEM DEZEMBRO,
E O NATAL ESTÁ PRA MIM!
[...]

BANDEIRA, PEDRO. *MAIS RESPEITO, EU SOU CRIANÇA!* PEDRO BANDEIRA; ILUSTRAÇÕES ODILON MORAES. 3 - ED. - SÃO PAULO: MODERNA, 2009. - (SÉRIE RISOS E RIMAS). P. 68 E 69.

- SOBRE O QUE FALA O POEMA?
- DE ACORDO COM O POEMA, QUAL É O MÊS DAS FÉRIAS? E O MÊS DAS CRIANÇAS?

EXPLORANDO SEQUÊNCIAS

1. MARIANA GOSTA DE DESENHAR SEQUÊNCIAS. VEJA:

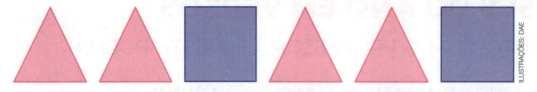

NESSA SEQUÊNCIA, O PADRÃO QUE SE REPETE É

- AGORA OBSERVE A PRÓXIMA SEQUÊNCIA E CONTORNE O PADRÃO QUE SE REPETE.

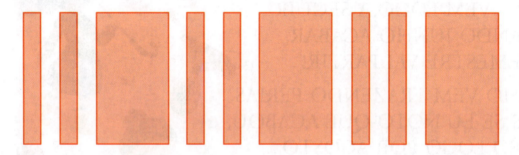

2. VEJA ESTA OUTRA SEQUÊNCIA DE FIGURAS.

- QUAL DAS FIGURAS ABAIXO SERIA A PRÓXIMA NA SEQUÊNCIA ACIMA? MARQUE-A COM UM **X**.

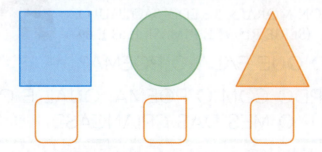

GIRAMUNDO

ARTESANATO INDÍGENA

1. PODEMOS PERCEBER SEQUÊNCIAS DE DESENHOS E CORES EM MUITOS TIPOS DE ARTESANATO INDÍGENA. VEJA A PEÇA DE ARTESANATO DA FOTOGRAFIA AO LADO.

ARTESÃO CONFECCIONANDO CINTO DE LINHA. TRIBO INDÍGENA KALAPALO – ALDEIA AIHA. PARQUE INDÍGENA DO XINGU, MATO GROSSO, 2011.

- COMO PODE SER A SEQUÊNCIA DE CORES NAS PARTES DO CINTO QUE NÃO APARECERAM NA FOTO? POR QUÊ?

2. SEJA TAMBÉM UM ARTESÃO! PINTE O CINTO INDÍGENA ABAIXO USANDO UMA SEQUÊNCIA DE DUAS CORES.

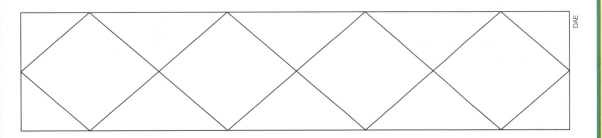

- TROQUE SEU DESENHO COM O DE UM COLEGA. CADA UM DEVE DIZER A SEQUÊNCIA DE CORES QUE O OUTRO USOU.

167

ESTIMATIVA

1. VINÍCIUS COLECIONA BOLINHAS DE GUDE. REGINA QUER SABER QUANTAS BOLINHAS ELE TEM.

   • SEM CONTAR, VOCÊ ACHA QUE VINÍCIUS TEM MAIS OU MENOS DO QUE 10 BOLINHAS? MARQUE COM UM **X**.

   ☐ MAIS.   ☐ MENOS.

   • E SEUS COLEGAS, O QUE ACHAM?
   • COMO VOCÊS PODEM CONFERIR?
   • UM JEITO DE CONFERIR SUA ESTIMATIVA É AGRUPANDO AS BOLINHAS DE 5 EM 5. CONTORNE E DESCUBRA QUANTAS BOLINHAS DE GUDE VINÍCIUS TEM.

2. COMO VOCÊ PODERIA AGRUPAR OS BRINQUEDOS PARA FACILITAR A CONTAGEM?

CONVERSE COM OS COLEGAS E O PROFESSOR E RESPONDA:

• QUANTOS BONECOS HÁ? _____

• QUANTAS BONECAS HÁ? _____

MAIS NÚMEROS

1. OBSERVE AS CENAS A SEGUIR E REPRESENTE CADA UMA DELAS USANDO NÚMEROS E SÍMBOLOS.

- NA MESA DE ANIVERSÁRIO SOBRARAM 6 SANDUÍCHES DE PRESUNTO E 12 SANDUÍCHES DE QUEIJO. QUANTOS SANDUÍCHES SOBRARAM? _____

- SE FOREM COMIDOS MAIS 3 SANDUÍCHES DE PRESUNTO, QUANTOS SANDUÍCHES SOBRARÃO? E SE FOREM COMIDOS MAIS 4 SANDUÍCHES DE QUEIJO, QUANTOS SANDUÍCHES DE QUEIJO SOBRARÃO?

_____

- KARINA TEM 15 LÁPIS DE COR E GABRIELA TEM 10. QUANTOS LÁPIS AS DUAS MENINAS TÊM JUNTAS?

_____

- QUEM TEM MAIS LÁPIS? EXPLIQUE COMO PENSOU.

_____

JUNTANDO QUANTIDADES

1. A TURMA DO 1º ANO ESTÁ MUITO CURIOSA PARA APRENDER UM JOGO NOVO. VEJA.

- COMO VOCÊ ACHA QUE É ESSE JOGO?
- POR QUE A CRIANÇA QUE LANÇOU OS DADOS VAI MARCAR O NÚMERO 12 NO TABULEIRO?

JOGO

COBRINDO A GIRAFA

VOCÊ TAMBÉM VAI APRENDER A JOGAR **COBRINDO A GIRAFA**!

PARTICIPANTES:

VOCÊ E UM COLEGA DA TURMA.

MATERIAL:

- TABULEIRO DA PÁGINA 207 DO **MATERIAL COMPLEMENTAR**;
- 2 DADOS;
- 22 MARCADORES (11 PARA CADA JOGADOR).

REGRAS:

1. RECORTE OS MARCADORES DO **MATERIAL COMPLEMENTAR** E PEÇA OS DADOS AO PROFESSOR.
2. DECIDAM QUEM COMEÇA A PARTIDA.
3. O ESCOLHIDO LANÇA OS DOIS DADOS E JUNTA AS QUANTIDADES SORTEADAS.
4. EM SEGUIDA, PROCURA ESSE NÚMERO NO CORPO DA GIRAFA E COLOCA NELE UM MARCADOR.
5. QUANDO O NÚMERO JÁ ESTIVER MARCADO NO TABULEIRO, O JOGADOR PASSA A VEZ.
6. CADA ALUNO JOGA NO PRÓPRIO TABULEIRO, MAS SÓ DEPOIS QUE O ADVERSÁRIO TIVER FEITO A JOGADA DELE.
7. VENCE O JOGO QUEM COBRIR TODOS OS NÚMEROS DO TABULEIRO PRIMEIRO.

2. JOSILENE E MIRIAM ESTÃO JOGANDO **COBRINDO A GIRAFA**. JOSILENE JOGOU OS DADOS E TIROU O RESULTADO A SEGUIR.

- QUE NÚMERO JOSILENE COBRIU NO TABULEIRO?

_____

- DIGA AOS COLEGAS COMO VOCÊ DESCOBRIU A RESPOSTA.

3. DEPOIS DE SEIS RODADAS, VEJA COMO ESTAVA O TABULEIRO DE JOSILENE.

NA RODADA SEGUINTE, JOSILENE TIROU ESTES PONTOS NOS DADOS:

- ELA CONSEGUIU COBRIR ALGUM NÚMERO DO TABULEIRO?

 SIM.    NÃO.

- SE RESPONDEU SIM, ESCREVA ESSE NÚMERO:

_____.

4. NO JOGO **COBRINDO A GIRAFA**, BENEDITA TIROU 5 EM UM DOS DADOS. ELA COBRIU O NÚMERO 6 DO SEU TABULEIRO. QUE QUANTIDADE FOI TIRADA NO

OUTRO DADO? _____

5. NA SEGUNDA RODADA, FRANCISCO COBRIU O NÚMERO 7 EM SEU TABULEIRO. O QUE ELE PODE TER TIRADO NOS DADOS? COMPLETE O QUADRO.

7	7
3 E 4	3 MAIS 4
4 E 3	4 MAIS 3
2 E _____	2 MAIS _____
5 E 2	5 MAIS 2
_____ E 1	_____ MAIS 1
_____ E 6	_____ MAIS 6

PARA OBTER O NÚMERO 7, VOCÊ PRECISOU JUNTAR AS QUANTIDADES QUE SAÍRAM NOS DADOS.

EM MATEMÁTICA, QUANDO DIZEMOS **MAIS**, ESTAMOS QUERENDO **JUNTAR**, **ADICIONAR** OU **ACRESCENTAR** UMA QUANTIDADE À OUTRA.

O SÍMBOLO **+** (QUE SE LÊ MAIS) MOSTRA QUE JUNTAMOS, ADICIONAMOS OU ACRESCENTAMOS UMA QUANTIDADE À OUTRA.

6. PARA COBRIRMOS O NÚMERO 12 DO TABULEIRO,

QUANTO PRECISAMOS TIRAR EM CADA DADO? _____

173

7. VEJA COMO USAMOS O SÍMBOLO **+** PARA OBTER SOMAS IGUAIS A 5.

5	5	5
1 E 4	1 MAIS 4	1 + 4
4 E 1	4 MAIS 1	4 + 1
2 E 3	2 MAIS 3	2 + 3
3 E 2	3 MAIS 2	3 + 2

• AGORA FAÇA O MESMO PARA A SOMA 8.

8	8
1 MAIS 7	
2 MAIS 6	
3 MAIS 5	
4 MAIS 4	
5 MAIS 3	
6 MAIS 2	
7 MAIS 1	

8. COMPLETE O QUADRO PARA ENCONTRAR SOMA 3.

3	3
_____ MAIS _____	_____ + _____

9. CRIE POSSÍVEIS ADIÇÕES PARA OS RESULTADOS A SEGUIR:

175

COLEÇÃO DE PROBLEMAS

1. VIVIANE ESTÁ COM DIFICULDADE EM ALCANÇAR O LIVRO AMARELO.
   - E AGORA? O QUE ELA PODE FAZER?

2. JANAÍNA TINHA AS SEGUINTES TAMPINHAS EM SUA COLEÇÃO:

ELA DEU À IRMÃ 4 TAMPINHAS. COM QUANTAS TAMPINHAS JANAÍNA FICOU?

3. CLÁUDIO TEM 22 TAMPINHAS EM SUA COLEÇÃO, SENDO 10 AMARELAS, 4 VERDES E O RESTANTE NA COR VERMELHA. PINTE, NO DESENHO ABAIXO, A QUANTIDADE DE TAMPINHAS VERMELHAS QUE CLÁUDIO TEM.

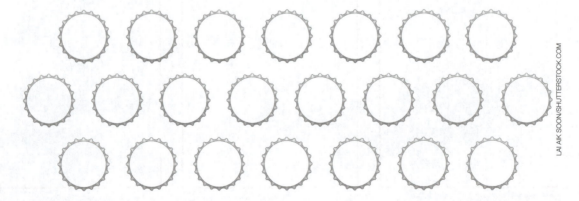

4. ISABELA E PEDRO ESTÃO BRINCANDO DE TIRO AO ALVO. CADA UM DELES TEM DIREITO A TRÊS JOGADAS.

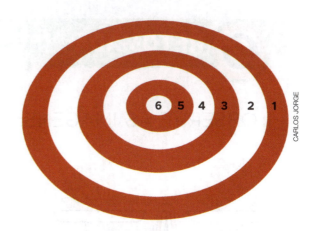

PEDRO ACERTOU AS FLECHAS NOS NÚMEROS 1, 3 E 6.
ISABELA ACERTOU AS FLECHAS NOS NÚMEROS 1, 2 E 5.

- CONTORNE A CRIANÇA QUE FEZ MAIS PONTOS.

- COMO VOCÊ FEZ PARA DESCOBRIR QUAL DELES DEVERIA CONTORNAR?

5. NA CARTEIRA DE JOÃO HÁ QUATRO CÉDULAS DIFERENTES.

- EM SUA OPINIÃO, QUAIS SÃO ESSAS CÉDULAS?
- QUANTOS REAIS JOÃO TEM? REGISTRE O QUE VOCÊ PENSOU NO ESPAÇO ABAIXO.

177

RETOMADA

1. OBSERVE AS IMAGENS.

- MARQUE COM UM **X** A BALANÇA QUE NÃO ESTÁ EM EQUILÍBRIO.

2. MARQUE COM UM **X** O OBJETO QUE TEM MAIOR CAPACIDADE.

AS IMAGENS NÃO ESTÃO REPRESENTADAS EM PROPORÇÃO.

3. ESCOLHA E PINTE DOIS NÚMEROS DO TABULEIRO DO JOGO **COBRINDO A GIRAFA**.

- ESCREVA O QUE DEVE SAIR NOS DADOS PARA QUE OS NÚMEROS QUE VOCÊ PINTOU ACIMA SEJAM MARCADOS NO JOGO **COBRINDO A GIRAFA**.

_____

4. QUE DIA É O ANIVERSÁRIO DE PAULA? PARA DESCOBRIR, OBSERVE O CALENDÁRIO E SIGA AS DICAS.

DICAS
É DEPOIS DO DIA 13.
É ANTES DO DIA 18.
SERÁ EM UM SÁBADO.

- O ANIVERSÁRIO DE PAULA É DIA _____ DE NOVEMBRO.

179

PERISCÓPIO

📖 PARA LER

A MENINA QUE CONTAVA, DE ANDRÉ NEVES E FÁBIO MONTEIRO. SÃO PAULO: PAULINAS, 2013.
ESTA É A HISTÓRIA DE ALGA, UMA MENINA QUE GOSTA DEMAIS DE NÚMEROS. ELA VIVE CONTANDO TUDO, ATÉ OS MINUTOS QUE FALTAM PARA ALGUMA COISA ACONTECER. FAZ CÁLCULOS SEM USAR OS DEDOS E CONTA SEM PARAR! AOS 20 ANOS, CASA COM UM RAPAZ CONTADOR DE HISTÓRIAS. ELES TÊM DOIS MENINOS E PASSAM A CONTAR, JUNTOS, SUAS INCRÍVEIS HISTÓRIAS.

FESTA NO CÉU, DE ANA MARIA MACHADO. SÃO PAULO: FTD, 2004.
UMA FESTA ANIMADA ACONTECE NO CÉU. MAS SÓ ENTRAM OS BICHOS QUE VOAM. OS ANIMAIS DEIXADOS DE FORA ESTAVAM CHATEADOS DEMAIS. O JABUTI, PORÉM, INSISTIU. VAI À FESTA DE CARONA COM A GARÇA! O QUE SERÁ QUE VAI ACONTECER?

ERAM DEZ LAGARTAS..., DE DEBBIE TARBETT. JANDIRA: CIRANDA CULTURAL, 2011.
NESSE LIVRO VOCÊ FICA SABENDO O QUE ACONTECEU COM DEZ LAGARTAS NUM DIA DE SOL QUENTE. UMA DELAS FICOU COM SONO E DORMIU. AINDA HÁ MAIS 9 LAGARTAS... E VOCÊ TREINA CONTAGEM TAMBÉM!

REFERÊNCIAS

ABRANTES, P. et al. A Matemática na Educação Básica. Lisboa: Ministério de Educação/ Departamento de Educação Básica, 1999.

BARBOSA, A. M. Arte-educação no Brasil: realidade hoje e expectativas futuras. Estudos Avançados, n. 6, São Paulo: Edusp, 1993.

BRASIL. Ministério da Educação. Secretaria de Educação Média e Tecnológica. Parâmetros Curriculares Nacionais: Ciências da Natureza e suas Tecnologias. Brasília, 2002.

CROWLEY, M. L. O modelo van Hiele de desenvolvimento do pensamento geométrico. In: LINDQUIST, M. M.; SHULTE, A. P. (Org.). Aprendendo e ensinando Geometria. São Paulo: Atual Editora, 1994.

GÓMEZ, A. I. P.; SACRISTÁN, J. G. Compreender e transformar o ensino. Porto Alegre: Artmed, 1998.

HERNÁNDEZ, F. Cultura visual, mudança educativa e projeto de trabalho. Porto Alegre: Artmed, 2000.

HOFFER, A. Geometria é mais que prova. Tradução Antonio Carlos Brolezzi. Mathematics Teacher, NCTM, v. 74, p. 11-18, jan. 1981.

LARROSA, J. Linguagem e educação depois de Babel. Belo Horizonte: Autêntica, 2004.

LÉGER, F. Funções da pintura. São Paulo: Nobel, 1989.

MACHADO, N. J. Epistemologia e didática: as concepções de conhecimento e inteligência e a prática docente. São Paulo: Cortez Editora, 1995.

_____. Matemática e língua materna: uma impregnação essencial. São Paulo: Cortez Editora, 1990.

MARTINS, M. C. e PICOSQUE, G. Mediação cultural para professores andarilhos na cultura. São Paulo: Editora Intermeios, 2012.

MARTINS, M. C.; PICOSQUE, G.; GUERRA, M. T. T. Teoria e prática do ensino de Arte: a língua do mundo. São Paulo: FTD, 2010.

MERLEAU-PONTY, M. A prosa do mundo. São Paulo: Cosac Naify, 2012.

PENA-VEJA, A.; ALMEIDA, C. R. S.; PETRAGLIA, I. Edgar Morim: ética, cultura e educação. São Paulo: Cortez Editora, 2001.

SMOLE, K. C. S.; DINIZ, M. I. (Org.). Ler, escrever e resolver problemas: habilidades básicas para aprender Matemática. Porto Alegre: Artmed, 2001.

SMOLE, K. C. S. A Matemática na Educação Infantil: a teoria das inteligências múltiplas na prática escolar. Porto Alegre: Artmed, 2000.

_____.; DINIZ, M. I.; CÂNDIDO, P. Brincadeiras infantis nas aulas de Matemática. Porto Alegre: Artmed, 2000.

_____.; DINIZ, M. I.; CÂNDIDO, P. Figuras e formas. Porto Alegre: Artmed, 2003.

_____.; DINIZ, M. I.; CÂNDIDO, P. Resolução de problemas. Porto Alegre: Artmed, 1999.

_____.; DINIZ, M. I.; CÂNDIDO, P. Cadernos do Mathema: jogos de Matemática do 1º ao 5º ano. Porto Alegre: Artmed, 2003.

_____.; CÂNDIDO, P. T. Conexões no ensino-aprendizagem de Matemática. In: Encontro Nacional de Educação Matemática, X, 7-9 jul. 2002, Recife. Anais... Recife: Universidade Federal de Pernambuco, 2002.

VAN DE WALLE, J. A. Matemática no Ensino Fundamental: formação de professores e aplicação em sala de aula. Porto Alegre: Artmed, 2009.

VAN HIELE, P. M. *El problema de la comprensión*: en conexión con la comprensión de los escolares en el aprendizaje de la Geometría. Utreque, 1957. 151 f. Tese (Doutorado em Matemática e Ciências Naturais) – Universidade Real de Utrecht.

VELOSO, E. *Geometria:* temas actuais – materiais para professores. Lisboa: Instituto de Inovação Educacional, 1998.

VIGOTSKY, L. S. *Pensamento e linguagem*. 3. ed. São Paulo: Martins Fontes, 2005.

MATERIAL COMPLEMENTAR

PÁGINA 30 – COMPLETANDO O MONSTRINHO

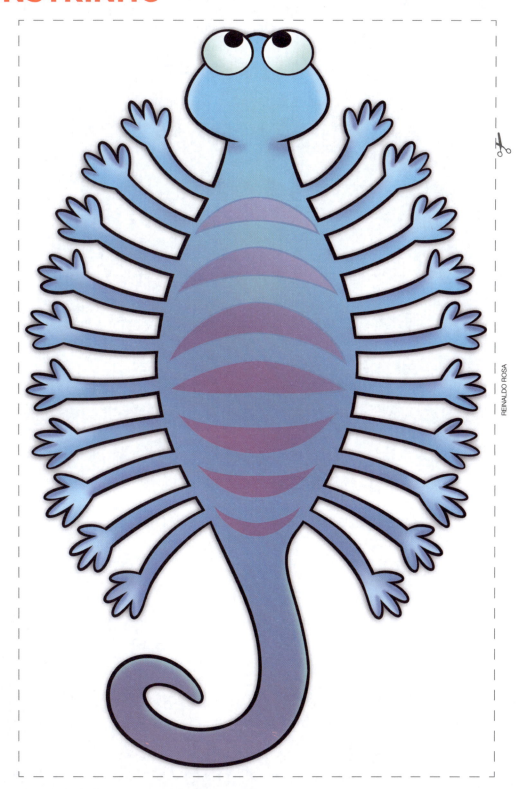

PÁGINA 37 – MONTANDO SOLDADO

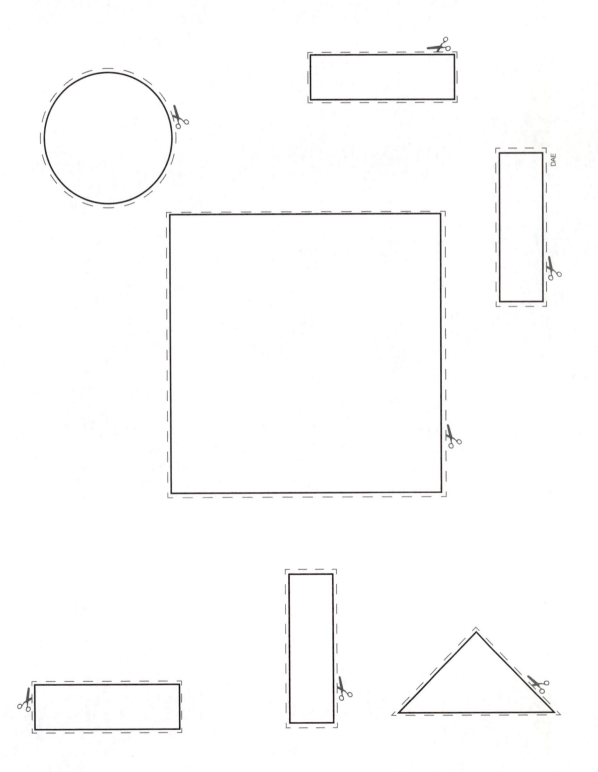

PÁGINA 47 – ANTES E DEPOIS

187

PÁGINA 57 – BINGO

189

PÁGINA 72 – TANGRAM

PÁGINA 74 – CORRIDA DE CARROS

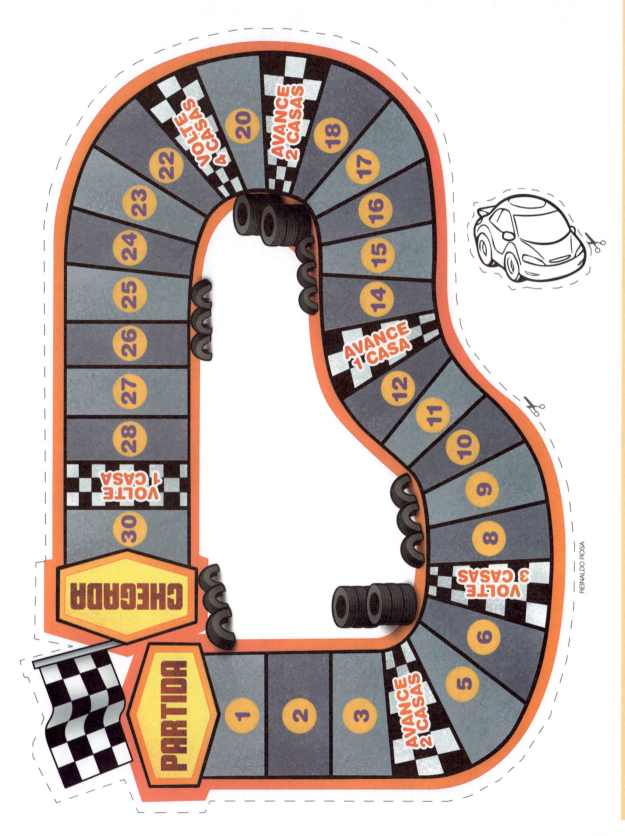

PÁGINA 85 – FIGURAS

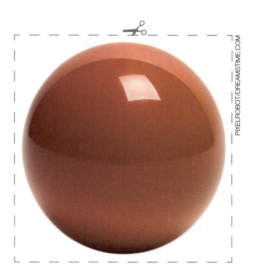

PÁGINA 88 – CUBOS

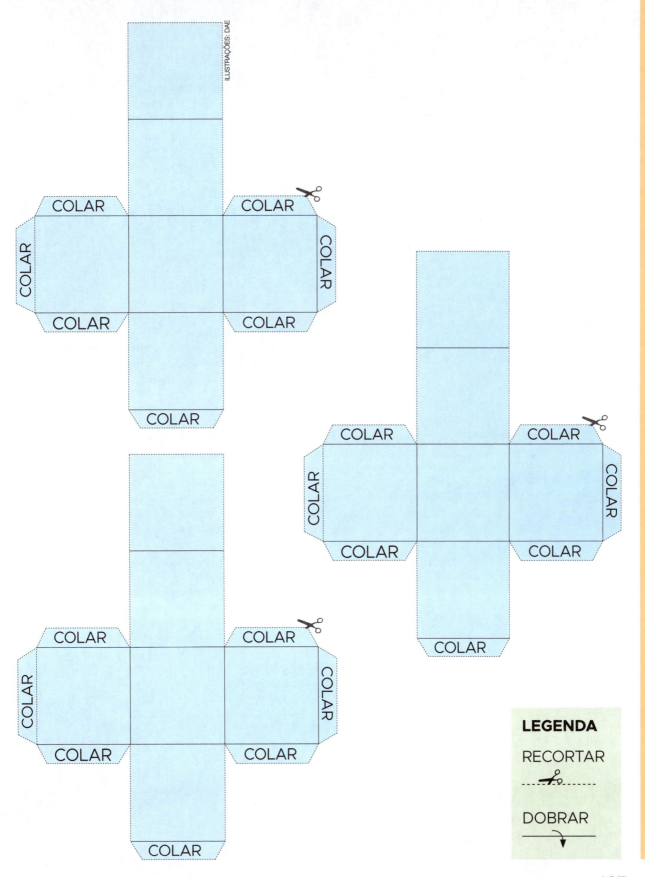

LEGENDA
RECORTAR
DOBRAR

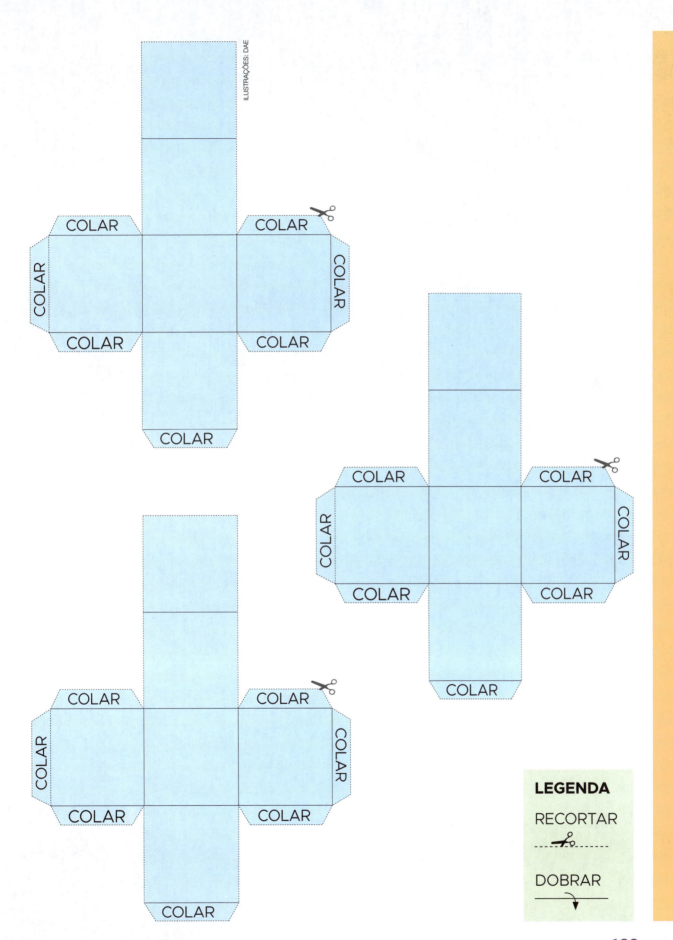

199

PÁGINA 96 – FICHAS

PÁGINA 125 – PESO PESADO

PÁGINA 128 – O QUE POSSO CARREGAR

AS IMAGENS NÃO ESTÃO REPRESENTADAS EM PROPORÇÃO.

203

PÁGINA 131 – CÍRCULOS

PÁGINA 171 – COBRINDO A GIRAFA